WORKBOOK AND SUPPLEMENTARY EXERCISES

FOR **Fundamental Biblical Hebrew** AND **Fundamental Biblical Aramaic**

Andrew H. Bartelt
and Andrew E. Steinmann

CONCORDIA PUBLISHING HOUSE • SAINT LOUIS

Published by Concordia Publishing House
3558 S. Jefferson Ave., St. Louis, MO 63118-3968
1-800-325-3040 • www.cph.org

Manufactured in the United States of America

10 11 12 13 14 15 16 17 18 19 27 26 25 24 23 22 21 20 19 18

Contents

FUNDAMENTAL BIBLICAL HEBREW

Exercises

Drills and Translations

and

Supplementary Exercises

The exercises in this workbook reproduce the exercises in the chapters of *Fundamental Biblical Hebrew*. More space is provided for writing out the exercises. The chapter summaries from the textbook are included at the end of this workbook. In addition, at the end of each chapter's exercises are supplementary exercises. Two principles will be apparent to anyone who uses the supplementary exercises:

1. The supplementary exercises require students to reproduce basic Hebrew forms, including forms of weak verbs, as an aid to learning the basics of Hebrew morphology.

2. This workbook emphasizes reading actual Biblical Hebrew as an aid to learning syntax. The texts reproduced here are exactly as they appear in the Hebrew books of the Old Testament. However, in one or two cases a *qere* form has been substituted for a *ketiv* form. Vocabulary is provided for the student if the vocabulary items do not appear in *Fundamental Biblical Hebrew* or if they appear in chapters the student has not yet used. However, proper names that can be understood by the students if pronounced aloud are not provided for the students. This is to encourage students to learn to pronounce the Hebrew words. Biblical citations contain accents marks which at first may be confusing to the students. This is to orient them to the art of distinguishing the vowel points which are discussed in chapter 1 of *Fundamental Biblical Hebrew* from the accent marks which will not be introduced until chapter 24.

EXERCISES, CHAPTER 1

DRILL #1

A. Practice writing each consonant, including final forms.

1. Learn the name and the transliteration symbols.
2. Insert dagesh lene in those letters in which it may appear.
3. Know which letters are “gutturals.”

Practice	Final form	Letter	Name	Transliteration
____________		א	*’alep̄*	’
____________		ב	*beṯ*	ḇ
____________		ג	*gimel*	ḡ
____________		ד	*daleṯ*	ḏ
____________		ה	*hē*	h
____________		ו	*waw*	w
____________		ז	*zayin*	z
____________		ח	*ḥeṯ*	ḥ
____________		ט	*ṭeṯ*	ṭ
____________		י	*yoḏ*	y
____________	(ךְ)	כ	*kap̄*	ḵ
____________		ל	*lameḏ*	l
____________	(ם)	מ	*mem*	m

______ (ן)	נ	*nun*	n
______	ס	*samek*	s
______	ע	*'ayin*	'
______ (ף)	פ	*peh*	p̄
______ (ץ)	צ	*ṣade*	ṣ
______	ק	*qop̄*	q
______	ר	*reš*	r
______	שׂ	*śin*	ś
______	שׁ	*šin*	š
______	ת	*taw*	ṯ

B. Name each letter and write in transliteration

1) בֵּן

2) אָב

3) דָּבָר

4) סֵפֶר

5) חֲלוֹם

6) שְׁמַע

7) סוּס

8) יְלָדִים

9) הֵיכָל

10) יִשְׂרָאֵל

C. Write in Hebrew letters

1) *dāḇār*	6) *kāḇôḏ*
2) *yôm*	7) *ḥoḵmā(h)*
3) *kōhēn*	8) *yɛlāḏîm*
4) *'îš*	9) *'aḇrāhām*
5) *'îr*	10) *yiśrā'ēl*

DRILL #2 Read out loud, identify each letter (consonants and vowels), and divide into syllables, noting whether syllables are open or closed:

1) דָּבָר	6) מֶ֫לֶךְ	11) מְלָכִים
2) בֵּן	7) אִישׁ	12) עֶ֫בֶד
3) אָב	8) תּוֹרָה	13) עֲבָדִים
4) כָּבוֹד	9) מִשְׁפָּט	14) חָכְמָה
5) מְאֹד	10) אֲדָמָה	15) בְּרָכָה

DRILL #3

Divide into syllables.
Identify every shewa as "silent" or "vocal." Identify every dagesh as "lene" or "forte."

1) דָּבָר
2) דְּבָרִים
3) מִשְׁפָּט
4) קִטֵּל
5) דִּבֵּר
6) דַּבְּרוּ
7) בְּרִית
8) עֲבָדִים
9) קִטַּלְתֶּם
10) תִּקְוָה
11) מִזְבְּחוֹת
12) בָּחֲרוּ

READING EXERCISE: Practice reading Deuteronomy 5:1:

וַיִּקְרָא מֹשֶׁה אֶל־כָּל־יִשְׂרָאֵל וַיֹּאמֶר אֲלֵיהֶם
שְׁמַע יִשְׂרָאֵל אֶת־הַחֻקִּים וְאֶת־הַמִּשְׁפָּטִים
אֲשֶׁר אָנֹכִי דֹּבֵר בְּאָזְנֵיכֶם הַיּוֹם
וּלְמַדְתֶּם אֹתָם וּשְׁמַרְתֶּם לַעֲשֹׂתָם׃

Supplementary Exercises
Write out the vowels according to their classes by filling out the chart below. Include both the symbol for the vowel and its name in English characters. Boxes in gray will contain more than one vowel.

	A Class	E/I Class	O/U Class
Short			
Long			
With mater letter			
Reduced vowel (composite *shewa*)			

Read the following passage aloud. Divide all the words into syllables. Identify every shewa as vocal or silent. Identify every dagesh as "lene" or "forte."

בְּרֵאשִׁית בָּרָא אֱלֹהִים אֵת הַשָּׁמַיִם וְאֵת הָאָרֶץ׃

וְהָאָרֶץ הָיְתָה תֹהוּ וָבֹהוּ וְחֹשֶׁךְ עַל־פְּנֵי תְהוֹם

וְרוּחַ אֱלֹהִים מְרַחֶפֶת עַל־פְּנֵי הַמָּיִם׃

וַיֹּאמֶר אֱלֹהִים יְהִי אוֹר וַיְהִי־אוֹר׃

וַיַּרְא אֱלֹהִים אֶת־הָאוֹר כִּי־טוֹב וַיַּבְדֵּל אֱלֹהִים

בֵּין הָאוֹר וּבֵין הַחֹשֶׁךְ׃

וַיִּקְרָא אֱלֹהִים ׀ לָאוֹר יוֹם וְלַחֹשֶׁךְ קָרָא לָיְלָה

וַיְהִי־עֶרֶב וַיְהִי־בֹקֶר יוֹם אֶחָד׃

EXERCISES, CHAPTER 2

DRILL

A. Write the plural form

1) סוּס

2) סוּסָה

3) צְדָקָה

4) דָּבָר

5) נָבִיא

6) מֶ֫לֶךְ

7) עֶ֫בֶד

8) תּוֹרָה

9) מִשְׁפָּט

10) כֹּהֵן (= כּוֹהֵן)

11) בֵּן

12) אִישׁ

B. Note number and gender. Give dictionary form. Translate.

1) סוּסָה

2) דְבָרִים

3) מַלְאָכִים

4) אָבוֹת

5) אֲנָשִׁים

6) בָּנִים

7) בָּנוֹת

8) מְלָכִים

9) עֲבָדִים

10) יָדַ֫יִם

C. Write in Hebrew.

1) horse

2) horses

3) word

4) words

5) scroll

6) scrolls

7) law (Torah)

8) laws

9) righteousness

10) righteousnesses (righteous acts)

Supplementary Exercises
List the gender and number for the following nouns. Translate each noun.

1) אָב
2) בֵּן
3) נָשִׁים
4) נְעָרִים
5) עֲרָבִים
6) אִשָּׁה
7) אֲרָצוֹת
8) בְּרִית
9) מִשְׁפָּט
10) בַּת
11) לַ֫יְלָה
12) בָּנִים
13) חָכְמוֹת
14) חָכְמָה
15) אֲנָשִׁים
16) חֲסָדִים
17) עֶ֫רֶב
18) יָד
19) דָּבָר
20) כֹּהֲנִים
21) סְפָרִים
22) מַלְאָךְ
23) נְבִיאִים
24) מֶ֫לֶךְ
25) נַ֫עַר
26) אֲדָמוֹת

27) אִישׁ

28) עֲבוֹדָה

29) עֶ֫בֶד

30) מִשְׁפָּטִים

31) צְדָקוֹת

32) תּוֹרָה

33) אָבוֹת

34) נָבִיא

35) מְלָכִים

36) דְּבָרִים

37) אֲדָמָה

38) בְּקָרִים

39) חֶ֫סֶד

40) יוֹם

41) צְדָקָה

42) אֶ֫רֶץ

43) כֹּהֵן

44) תּוֹרוֹת

45) בֹּ֫קֶר

46) לֵילוֹת

47) מַלְאָכִים

48) עֲבָדִים

49) סֵ֫פֶר

50) יוֹמַ֫יִם

51) יָדַ֫יִם

EXERCISES, CHAPTER 3

DRILL

A. Add the (definite) article.

1) סֵ֫פֶר
2) נָבִיא
3) מֶ֫לֶךְ
4) מְלָכִים
5) דָבָר
6) אִישׁ
7) אֲדָמָה
8) עֶ֫בֶד
9) יוֹם
10) הֵיכָל
11) הָרִים
12) חָכְמָה
13) צְדָקָה
14) עִיר
15) אֶ֫רֶץ
16) עַם

B. Add the preposition "to" (לְ).

1) סֵ֫פֶר
2) מֶ֫לֶךְ
3) מְלָכִים
4) צְדָקָה
5) אֲדָמָה
6) הֵיכָל
7) עֲבָדִים
8) הַמֶּ֫לֶךְ
9) הָאֲדָמָה
10) חֳדָשִׁים
11) הָאָ֫רֶץ
12) יְהוּדָה

C. Add the conjunction.

1) דָּבָר
2) אִישׁ
3) הָאִישׁ
4) לָאִישׁ
5) לְאִישׁ
6) אֲנָשִׁים
7) מֶ֫לֶךְ
8) בֹּ֫קֶר
9) עֶ֫בֶד
10) עֲבָדִים
11) יְהוּדָה
12) יִשְׂרָאֵל

D. Write in Hebrew

1) the prophet
2) the prophets
3) to a prophet
4) to the prophet
5) to prophets
6) to the prophets
7) in the city
8) like a temple
9) like the temple
10) and the top
11) and servants
12) and to the servants

E. Translate the following words and phrases.
Those that form a nominal sentence are marked by *.

1) כֹּהֵן וּמֶ֫לֶךְ

*2) הַכֹּהֵן בַּהֵיכָל

*3) הַמֶּ֫לֶךְ בְּהֵיכָל

4) לַעֲבָדִים

5) לָאֲדָמָה

6) עַל־הָאֲדָמָה

7) מִשְׁפָּט וּצְדָקָה

8) יוֹם וְלַ֫יְלָה

9) עֶ֫רֶב וּבֹ֫קֶר

10) הַצְּדָקָה וְהַחָכְמָה

11) הַבָּנִים וְהָאָבוֹת

12) הַנָּשִׁים וְהָאֲנָשִׁים

*13) הַבָּנוֹת בָּעִיר

*14) נָבִיא כְּמַלְאָךְ

*15) אַחַר הַבֹּ֫קֶר הַיּוֹם

16) כָּל־הָאָ֫רֶץ

Supplementary Exercises
Write the following phrases and sentence in Hebrew.

1) All the men

2) (two) ears and (two) eyes

3) In the city

4) Upon the mountains

5) Like a scroll

6) The sons and the daughters

7) Behind the prophet

8) For wisdom

9) Into the hands

10) Like the night and like the day

11) A priest is like a messenger in the temple.

Translate

Exodus 15:3

יְהוָ֖ה אִ֣ישׁ מִלְחָמָ֑ה יְהוָ֖ה שְׁמֽוֹ׃

Vocabulary

יְהוָה—Yahweh; the LORD

מִלְחָמָה—war; battle; אִישׁ מִלְחָמָה=man of war (construct chain; see chapter 9)

שְׁמוֹ—his name

EXERCISES, CHAPTER 4

DRILL

A. Write out the "perfect" forms of the root קטל

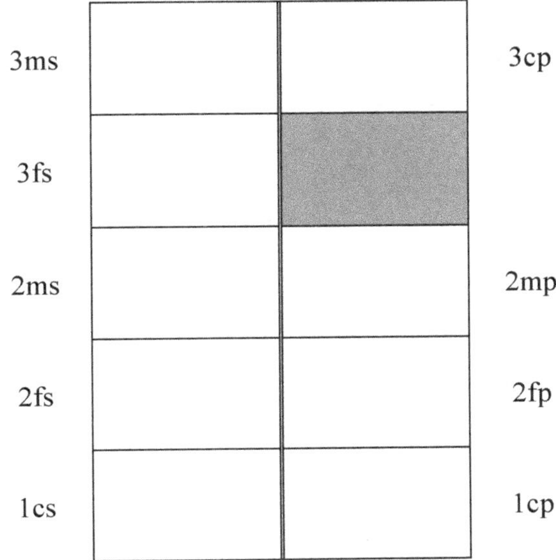

B. Analyze ("parse") the following forms

	Conjugation	Aspect	P / N / G	Root	Translation
1) ○○○	[QAL]			○○○	"he XXX-ed"
2) ○○○תִּי	[QAL]			○○○	
3) ○○○נוּ	[QAL]			○○○	

4) ○○○וּ	[QAL]			○○○	
5) ○○○תָּ	[QAL]			○○○	
6) ○○○תֶּם	[QAL]			○○○	
7) ○○○תְּ	[QAL]			○○○	
8) ○○○תֶּן	[QAL]			○○○	
9) ○○○ָה	[QAL]			○○○	
10) כָּתַ֫בְתָּ	[QAL]				
11) לְמַדְתֶּם	[QAL]				
12) שָׁמַ֫רְנוּ	[QAL]				
13) שָׁמְעוּ	[QAL]				
14) קָרְאָה	[QAL]				
15) עֲבַדְתֶּן	[QAL]				
16) אָמַרְתְּ	[QAL]				

17) כָּרַ֫תִּי	[QAL]				
18) כָּֽרְתוּ	[QAL]				
19) בָּחַ֫רְנוּ	[QAL]				
20) שָׁלַח	[QAL]				

C. Write in Hebrew.

1) He sent a messenger.

2) The king sent a messenger.

3) She sent the messenger.

4) I learned wisdom.

5) We observed the Torah.

Translation of Sentences

1) קָֽרְאוּ הָעֲבָדִים אֶל־הַמֶּ֫לֶךְ

2) כָּתַב הַנָּבִיא אֶת־הַסֵּ֫פֶר

3) כָּרַ֫תְנוּ בְרִית בַּשַּׁ֫עַר

4) לֹא לָמַ֫דְתָּ חָכְמָה וּצְדָקָה

5) שָֽׁלְחוּ אֶת־הַמַּלְאָכִים לַמֶּ֫לֶךְ

6) עָבַד הָֽאָדָם אֶת־הָאֲדָמָה

7) לֹא שָׁמַ֫עְנוּ קוֹל בַּהֵיכָל

8) אָמַ֫רְתִּי אֶת־הַדְּבָרִים לַמַּלְאָךְ בַּמִּדְבָּר

9) לֹא שְׁמַרְתֶּם אֵת הַתּוֹרָה

10) בָּחַר הָעָם בְּעֶ֫בֶד לְמֶ֫לֶךְ

Supplementary Exercises

Conjugate the verb כרת in the Qal (G) stem, perfect aspect.

3ms			3cp
3fs			
2ms			2mp
2fs			2fp
1cs			1cp

Conjugate the verb כתב in the Qal (G) stem, perfect aspect.

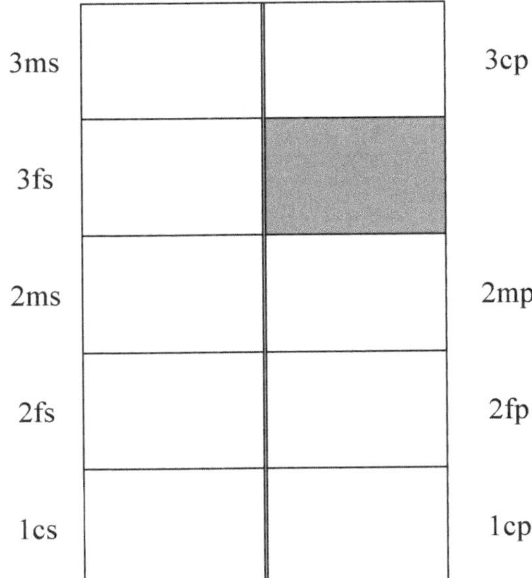

3ms			3cp
3fs			
2ms			2mp
2fs			2fp
1cs			1cp

Conjugate the verb למד in the Qal (G) stem perfect.

3ms			3cp
3fs			
2ms			2mp
2fs			2fp
1cs			1cp

Conjugate the verb שׁמר in the Qal (G) stem perfect.

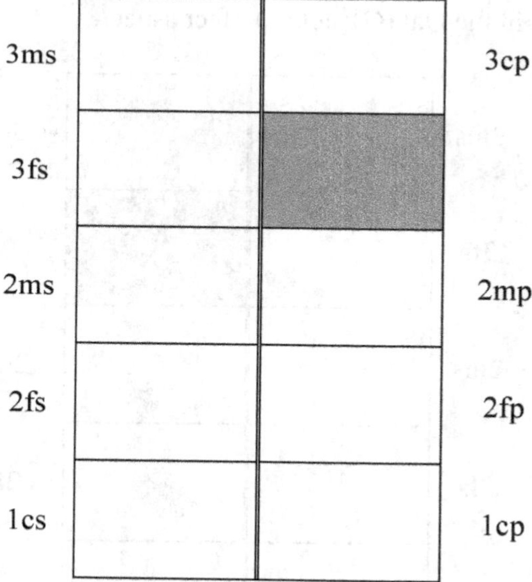

3ms			3cp
3fs			
2ms			2mp
2fs			2fp
1cs			1cp

Translate (and parse all verbs).

Deuteronomy 5:2

יְהוָה אֱלֹהֵינוּ כָּרַת עִמָּנוּ בְּרִית בְּחֹרֵב׃

Vocabulary

אֱלֹהֵינוּ—our God (use of pronominal suffix; see chapter 10)

עִמָּנוּ—with us (use of pronominal suffix; see chapter 10)

Jeremiah 36:17 (part)

כָּתַבְתָּ אֶת־כָּל־הַדְּבָרִים

Proverbs 30:3a

וְלֹא־לָמַדְתִּי חָכְמָה

1 Kings 13:21 (part)

וְלֹ֣א שָׁמַ֔רְתָּ אֶת־הַמִּצְוָ֗ה

Vocabulary

מִצְוָה—command (n)

Nehemiah 1:7 (part)

וְלֹא־שָׁמַ֣רְנוּ אֶת־הַמִּצְוֹת וְאֶת־הַֽחֻקִּים֙ וְאֶת־הַמִּשְׁפָּטִ֔ים

Vocabulary

חֹק—statute, ordinance (n)

EXERCISES, CHAPTER 5

DRILL

A. Parse

	Conjugation	Aspect	P / N / G	Root	Translation
1) שָׁלַחְנוּ	[QAL]				
2) בָּחֲרוּ	[QAL]				
3) קָרָאתִי	[QAL]				
4) נָתַתִּי	[QAL]				
5) נָתַנּוּ	[QAL]				
6) נָתְנוּ	[QAL]				
7) קָם	[QAL]				
8) שַׁבְתָּ	[QAL]				
9) קָמוּ	[QAL]				

10) שַׂ֫מְנוּ	[QAL]				
11) קְרָאתֶן	[QAL]				
12) עָשָׂה	[QAL]				
13) עָשִׂ֫יתִי	[QAL]				
14) רָאִ֫ינוּ	[QAL]				
15) רָאוּ	[QAL]				
16) בָּ֫אוּ	[QAL]				
17) עָֽשְׂתָה	[QAL]				
18) מָלֵא	[QAL]				
19) מָֽלְאוּ	[QAL]				
20) נָתַ֫תָּ	[QAL]				

B. Write in Hebrew.

1) You (pm) served in the temple.

2) She chose a house.

3) I gave the water.

4) We saw the heavens.

5) The servants built the house.

6) The servants returned to the temple in peace.

Translation of Sentences

1) בָּחֲרוּ הַכֹּהֲנִים בְּעֶבֶד לְמֶלֶךְ

2) שָׁלַחַתְּ אֶת־הַבָּנוֹת עִם־הַבָּנִים

3) נָתַנּוּ אֶת־הַמַּיִם לַנָּבִיא

4) כָּרַתִּי בְּרִית בַּשַּׁעַר

5) לֹא שָׁב הַמַּלְאָךְ אֶל־הַמָּקוֹם בְּשָׁלוֹם

6) בָּאתִי עַד־הַהֵיכָל עִם הַנָּשִׁים

7) עָשִׂיתָ אֶת־הַשָּׁמַיִם וְאֶת־הָאָרֶץ

8) רָאוּ הָאִישׁ וְהָאִשָּׁה אֶת־הָהָר

9) קָמוּ הָאָבוֹת וְהַבָּנִים בַּבֹּקֶר

10) בָּנִינוּ בַּיִת בָּעִיר

11) מָלֵא הַבַּיִת קוֹלוֹת

12) כָּבְדוּ הַדְּבָרִים

Supplementary Exercises

Conjugate the verb עבד in the Qal (G) stem perfect. Check your answer against Appendix IV-A (pages 242–43).

3ms			3cp
3fs			
2ms			2mp
2fs			2fp
1cs			1cp

Conjugate the verb בחר in the Qal (G) stem perfect. Check your answer against Appendix IV-B (pages 244–45).

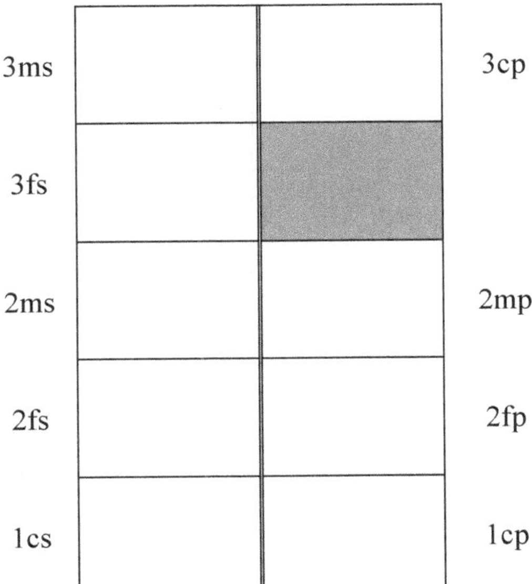

Conjugate the verb שׁמע in the Qal (G) stem perfect. Check your answer against Appendix IV-C (pages 246–47).

3ms			3cp
3fs			
2ms			2mp
2fs			2fp
1cs			1cp

Conjugate the verb קרא in the Qal (G) stem perfect. Check your answer against Appendix IV-D (pages 248–49).

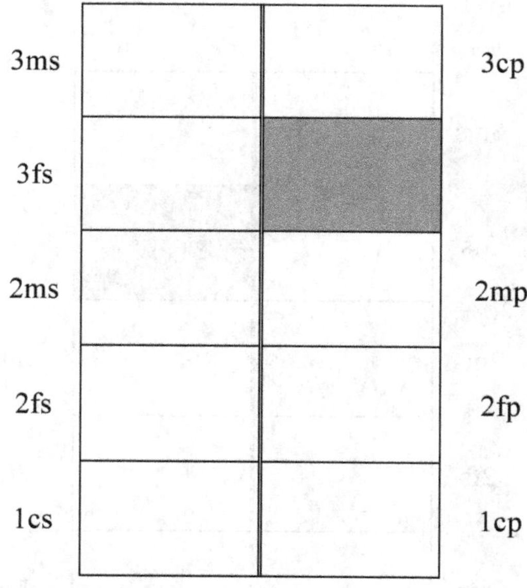

3ms			3cp
3fs			
2ms			2mp
2fs			2fp
1cs			1cp

Conjugate the verb שׂים in the Qal (G) stem perfect. Check your answer against Appendix IV-G (pages 254–55).

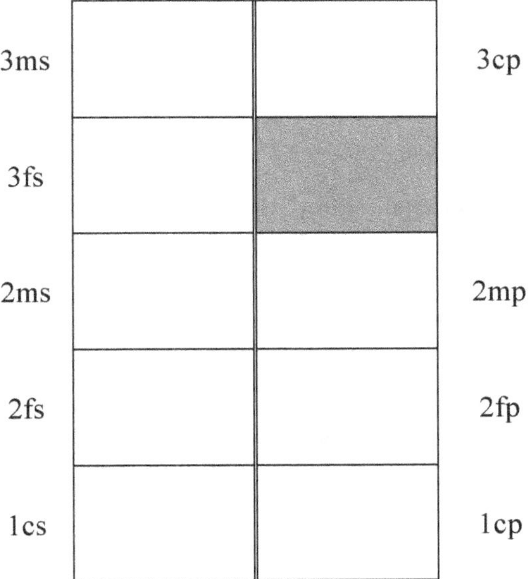

3ms			3cp
3fs			
2ms			2mp
2fs			2fp
1cs			1cp

Conjugate the verb בנה in the Qal (G) stem perfect. Check your answer against Appendix IV-H (pages 256–57).

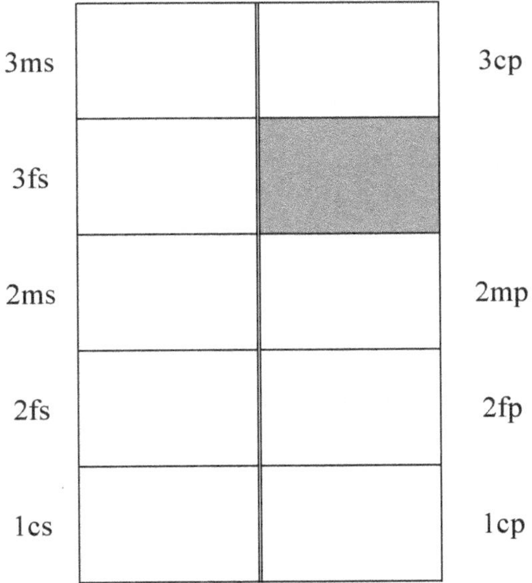

3ms			3cp
3fs			
2ms			2mp
2fs			2fp
1cs			1cp

Write in Hebrew.

1) Water came to the heavens.

2) The messengers gave horses to the king.

3) You (mp) saw priests and kings and prophets in the temple.

4) The men and the women repented.

5) We built a palace for the king in the city.

6) The prophet arose and made a covenant with the people.

EXERCISES, CHAPTER 6

DRILL

A. Write out the “imperfect” forms of the root קטל.

3ms			3mp
3fs			3fp
2ms			2mp
2fs			2fp
1cs			1cp

B. Parse.	Conjugation	Aspect	P / N / G	Root	Translation
1) י○○○	[QAL]			○○○	"he will xxx"
2) י○○○ן	[QAL]			○○○	
3) ת○○○ן	[QAL]			○○○	
4) ת○○○ (2 forms)	[QAL]			○○○	
5) ת○○○ִי	[QAL]			○○○	

	Conjugation	Aspect	P / N / G	Root	Translation
6) ת○○○נָה (2 forms)	[QAL]			○○○	
7) א○○○	[QAL]			○○○	
8) נ○○○	[QAL]			○○○	
9) ○○○נוּ	[QAL]			○○○	
10) ○○○תֶּם	[QAL]			○○○	
11) יִכְרֹת	[QAL]				
12) יִכְתֹּב	[QAL]				
13) יִלְמְדוּ	[QAL]				
14) לָֽמְדוּ	[QAL]				
15) נִשְׁמֹר	[QAL]				
16) נִשְׁמַע	[QAL]				
17) אֶשְׁלַח	[QAL]				
18) שָׁלַ֫חְתִּי	[QAL]				

	Conjugation	Aspect	P / N / G	Root	Translation
19) תִּבְחַר (2 forms)	[QAL]				
20) תִּבְחֲרִי	[QAL]				
21) מָצָ֫אנוּ	[QAL]				
22) נִמְצָא	[QAL]				
23) יַעֲבֹד	[QAL]				
24) נֶחֱזַק	[QAL]				
25) יַעַבְרוּ	[QAL]				
26) תֹּאכַל (2 forms)	[QAL]				
27) אָכַ֫לְתָּ	[QAL]				
28) יֹאמַר	[QAL]				
29) תֹּאמַ֫רְנָה (2 forms)	[QAL]				
30) אֹמַר	[QAL]				

C. Write in Hebrew.

1) He will learn.

2) They will make ("cut") a covenant.

3) We made a covenant.

4) You (pm) will keep the covenant.

5) I will send the messenger.

Translation of Sentences

1) יִכְתֹּב הַנָּבִיא אֶת־הַדְּבָרִים בְּסֵֽפֶר

2) תִּשְׁמַע הָאִשָּׁה קוֹל בַּמָּקוֹם

3) לֹא נִכְרֹת בְּרִית עִם־הַגּוֹי

4) נָֽפְלָה אֵשׁ אֶל־הָֽאֲדָמָה

5) הַכֹּהֲנִים בַּהֵיכָל

6) חָזַק אֱלֹהִים וְכָבֵד הַשֵּׁם

7) יֵֽצְאוּ הָעֲבָדִים אֶל־הָהָר

8) יַֽעַבְדוּ הַבָּנִים וְהַבָּנוֹת בָּעִיר

9) לֹא תַּעֲבֹ֫רְנָה הַבָּנוֹת בַּמִּדְבָּר

10) אֹכַל לֶ֫חֶם בַּבַּ֫יִת

11) יהוה אֱלֹהִים בַּשָּׁמַ֫יִם וּבָאָ֫רֶץ

12) הָ֫יִינוּ לְעַם וּלְגוֹי

Supplementary Exercises

Conjugate the verb למד in the Qal (G) stem imperfect. Check your answer against Appendix III (pages 240–41).

3ms			3mp
3fs			3fp
2ms			2mp
2fs			2fp
1cs			1cp

Conjugate the verb בחר in the Qal (G) stem imperfect. Check your answer against Appendix IV-B (pages 244–45).

3ms			3mp
3fs			3fp
2ms			2mp
2fs			2fp
1cs			1cp

Conjugate the verb שלח in the Qal (G) stem imperfect. Check your answer against Appendix IV-C (pages 246–47).

3ms			3mp
3fs			3fp
2ms			2mp
2fs			2fp
1cs			1cp

Conjugate the verb מלא in the Qal (G) stem imperfect. Check your answer against Appendix IV-D (pages 248–49). [REMEMBER: This is both a stative verb and a III-א verb.]

3ms			3mp
3fs			3fp
2ms			2mp
2fs			2fp
1cs			1cp

Conjugate the verb אמר in the Qal (G) stem imperfect. Check your answer against Appendix IV-A (pages 242–43).

3ms			3mp
3fs			3fp
2ms			2mp
2fs			2fp
1cs			1cp

Translate (and parse all verbs).

2 Samuel 18:4 (part)

כָּל־הָעָם֙ יָצְא֔וּ

EXERCISES, CHAPTER 7

DRILL

A. Parse	Conjugation	Aspect	P / N / G	Root	Translation
1) יִפֹּל	[QAL]				
2) נִסַּע	[QAL]				
3) אֶקַּח	[QAL]				
4) יֵדְעוּ	[QAL]				
5) תֵּצֵא (2 forms)	[QAL]				
6) תִּירָא (2 forms)	[QAL]				
7) יָבוֹא	[QAL]				
8) תָּק֫וּמוּ	[QAL]				
9) נִבְנֶה	[QAL]				
10) בָּנִ֫ינוּ	[QAL]				
11) תִּרְאֶ֫ינָה (2 forms)	[QAL]				
12) יַעֲלוּ	[QAL]				

13) קָ֫רָאתִי	[QAL]				
14) נֹאמַר	[QAL]				
15) יִתֵּן	[QAL]				
16) שַׁ֫בְנוּ	[QAL]				
17) יָֽשְׁבוּ	[QAL]				
18) יֵשְׁבוּ	[QAL]				
19) תֵּלְכוּ	[QAL]				
20) יִירְשׁוּ	[QAL]				
21) תַּעֲשִׂי	[QAL]				
22) מְצָאתֶם	[QAL]				
23) כָּבֵד	[QAL]				
24) נָשׁוּב	[QAL]				
25) כָּ֫רַתִּי	[QAL]				
26) אֶשְׁמַע	[QAL]				

27) נְתַתֶּן	[QAL]				
28) יִתְּנוּ	[QAL]				
29) אֵשֵׁב	[QAL]				
30) נַעֲלֶה	[QAL]				

B. Write in Hebrew.

1) They will journey to the wilderness.

2) I gave food (bread).

3) I will give food.

4) She will bear a son.

5) He will arise.

6) We will build the house in the city.

Translation of Sentences

1) יָצָאנוּ מִן־הַבַּיִת וְהָלַכְנוּ עַל־הַדֶּרֶךְ

2) נֵצֵא מֵהַבַּיִת וְנֵלֵךְ עַל־הַדֶּרֶךְ

3) אָשׁוּב מִן־הַמָּקוֹם וְאָבוֹא אֶל־הַהֵיכָל

4) יַעֲלֶה יִשְׂרָאֵל עַל־הָהָר בְּשָׁלוֹם

5) יִבְנוּ הָעֲבָדִים בַּיִת בִּירוּשָׁלַיִם

6) יִקַּח הַכֹּהֵן אֶת־הַמַּיִם וְאֶת־הַלֶּחֶם מִן־הַנָּשִׁים

7) יִסְעוּ יִשְׂרָאֵל מֵהַמִּדְבָּר וְיִירְשׁוּ אֶת־הָאָרֶץ כִּי יָֽרְאוּ אֶת־יהוה

8) יֵדְעוּ הַמֶּ֫לֶךְ וְהָעָם כִּי אָמַר יהוה אֶת־הַדְּבָרִים לַנְּבִיאִים

Supplementary Exercises

Conjugate the verb נסע in the Qal (G) stem imperfect. Check your answer against Appendix IV-C (pages 246–47) and IV-E (pages 250–51).

3ms			3mp
3fs			3fp
2ms			2mp
2fs			2fp
1cs			1cp

Conjugate the verb ישׁב in the Qal (G) stem imperfect. Check your answer against Appendix IV-F (pages 252–53).

3ms			3mp
3fs			3fp
2ms			2mp
2fs			2fp
1cs			1cp

Conjugate the verb קום in the Qal (G) stem imperfect. Check your answer against Appendix IV-G (pages 254–55).

3ms			3mp
3fs			3fp
2ms			2mp
2fs			2fp
1cs			1cp

Conjugate the verb שׂים in the Qal (G) stem imperfect. Check your answer against Appendix IV-G (pages 254–55).

3ms			3mp
3fs			3fp
2ms			2mp
2fs			2fp
1cs			1cp

Conjugate the verb עלה in the Qal (G) stem imperfect. Check your answer against Appendix IV-A (pages 242–43) and IV-H (pages 256–57).

3ms			3mp
3fs			3fp
2ms			2mp
2fs			2fp
1cs			1cp

Translate (and parse all verbs)

Exodus 7:17 (part)

תֵּדַ֔ע כִּ֖י אֲנִ֣י יְהוָ֑ה

אֲנִי — I (prn; see chapter 10)

Exodus 28:5
וְהֵם֙ יִקְח֣וּ אֶת־הַזָּהָ֔ב וְאֶת־הַתְּכֵ֖לֶת וְאֶת־הָֽאַרְגָּמָ֑ן וְאֶת־תּוֹלַ֥עַת הַשָּׁנִ֖י וְאֶת־הַשֵּֽׁשׁ׃

Vocabulary
הֵם—they (prn; see chapter 10)
זָהָב —gold (n)
תְּכֵלֶת—violet thread (n)
אַרְגָּמָן—red-purple thread (n)
תּוֹלֵעָה—scarlet thread (n)
שָׁנִי—scarlet material (n);
תּוֹלַעַת הַשָּׁנִי = scarlet threat of the scarlet material (i.e., scarlet material) [תּוֹלַעַת is in the *construct state*; see chapter 9]
שֵׁשׁ—fine Egyptian linen (n)

Exodus 3:21(part)
לֹ֥א תֵלְכ֖וּ רֵיקָֽם

Vocabulary
רֵיקָם—empty-handed (adv)

EXERCISES, CHAPTER 8

DRILL

A. Parse	Conjugation	Aspect	P / N / G	Root	Translation
1) שָׁמַע	[QAL]				
2) יִשְׁמַע	[QAL]				
3) וְיִשְׁמַע	[QAL]				
4) וְשָׁמַע	[QAL]				
5) וַיִּשְׁמַע	[QAL]				
6) אֶשְׁמֹר	[QAL]				
7) וָאֶשְׁמֹר	[QAL]				
8) שָׁמַ֫רְתִּי	[QAL]				
9) וְשָׁמַ֫רְתִּי	[QAL]				
10) וְשָׁמַרְתִּ֫י	[QAL]				
11) יִשָּׂא	[QAL]				
12) וַיִּסְעוּ	[QAL]				

13) וָאֶקַּח	[QAL]				
14) וַתֵּשֶׁב (2 forms)	[QAL]				
15) יַעֲשׂוּ	[QAL]				
16) וַיַּעַשׂ	[QAL]				
17) תַּעֲנֶה (2 forms)	[QAL]				
18) בָּנוּ	[QAL]				
19) הָיוּ	[QAL]				
20) חָיוּ	[QAL]				
21) יִחְיֶה	[QAL]				
22) וַיְחִי	[QAL]				
23) מֵתוּ	[QAL]				
24) תָּמוּתוּ	[QAL]				
25) וַיָּשָׁב	[QAL]				
26) וַיָּשֶׂם	[QAL]				

27) וַיֵּ֫שֶׁב	[QAL]				
28) וּמָצָ֫אתָ	[QAL]				
29) תֵּלְדִי	[QAL]				
30) וַתֵּלֵ֫כְנָה (2 forms)	[QAL]				
31) יִתְּנוּ	[QAL]				
32) עָנִ֫ינוּ	[QAL]				

B. Write in Hebrew.

1) The prophet proclaimed to the king, and the king listened to the message (word).

2) The messenger will come, and he will give the silver to the child.

Translation of Sentences

1) יָצָ֫אנוּ מִן־הַבַּ֫יִת וַנֵּ֫לֶךְ עַל־הַדֶּ֫רֶךְ׃

2) נֵצֵא מֵהַבַּ֫יִת וְהָלַ֫כְנוּ עַל־הַדֶּ֫רֶךְ׃

3) יָרַד הַמַּלְאָךְ מֵהָהָר וַיָּשָׁב אֶל־הָעִיר וַיֵּשֶׁב שָׁם׃

4) אֵדַע כִּי יִהְיֶה יהוה לֵאלֹהִים לָעָם וְחָיִיתִי וְלֹא אָמוּת׃

5) וַיָּקָם הַנָּבִיא וַיֵּלֶךְ אֶל־יְרוּשָׁלַיִם׃ וַיֵּצֵא הַמֶּלֶךְ מִן־הַבַּיִת וַיָּבוֹא אֶל־הַהֵיכָל
וַיִּתֵּן אֶת־הַכֶּסֶף וְאֶת־הַזָּהָב לַכֹּהֵן׃ וַיַּעַן הַנָּבִיא וַיֹּאמֶר תָּמוּת וְלֹא תִחְיֶה׃

6) לֹא יִשָּׂא גּוֹי אֶל־גּוֹי חֶרֶב׃

7) יָלְדָה הָאִשָּׁה בֵּן וַתִּקְרָא לַיהוה׃

8) וַיִּקְרָא מֹשֶׁה אֶל־כָּל־יִשְׂרָאֵל וַיֹּאמֶר אֲלֵהֶם[a] שְׁמַע[b] יִשְׂרָאֵל אֶת־הַחֻקִּים[c]
וְאֶת־הַמִּשְׁפָּטִים וּלְמַדְתֶּם[d] אֹתָם[e] וּשְׁמַרְתֶּם[d] אֹתָם[e]׃

Notes to #8 (Deut 5:1)

[a] preposition אֶל, to which is added a suffix that indicates the pronoun "them," i.e., "to them"

[b] imperative verb form

[c] plural form of חֹק "statute"

[d] perfect waw consecutive, takes the force of the imperative, with which it is in "sequence"

[e] D.O. marker attached to the pronoun "them"

Supplementary Exercises

Conjugate the verb היה in the Qal (G) stem preterite/waw-consecutive imperfect. Check your answers against IV-C (pages 246–47) and IV-H (pages 256–57). (Remember: III-ה verbs are apocopated in the preterite).

3ms			3mp
3fs			3fp
2ms			2mp
2fs			2fp
1cs			1cp

Conjugate the verb ילד in the Qal (G) stem preterite/waw-consecutive imperfect. Check your answers against Appendix IV-F (pages 252–53).

3ms			3mp
3fs			3fp
2ms			2mp
2fs			2fp
1cs			1cp

Conjugate the verb מות in the Qal (G) stem preterite/waw-consecutive imperfect. Check your answers against Appendix IV-G (254–55).

3ms			3mp
3fs			3fp
2ms			2mp
2fs			2fp
1cs			1cp

Conjugate the verb נשׂא in the Qal (G) stem preterite/waw-consecutive imperfect. Check your answers against Appendix IV-E (250–51).

3ms			3mp
3fs			3fp
2ms			2mp
2fs			2fp
1cs			1cp

Translate (and parse all verbs).

Genesis 30:5

וַתַּ֥הַר בִּלְהָ֖ה וַתֵּ֥לֶד לְיַעֲקֹ֖ב בֵּֽן׃

Vocabulary

הרה — conceive, be or become pregnant

1 Samuel 4:4a

4:4 וַיִּשְׁלַ֤ח הָעָם֙ שִׁלֹ֔ה וַיִּשְׂא֣וּ מִשָּׁ֗ם אֵ֣ת אֲר֧וֹן בְּרִית־יְהוָ֛ה צְבָא֖וֹת

Vocabulary

אֲרוֹן—ark (n)

צָבָא—army (n)

EXERCISES, CHAPTER 9

DRILL

A. Write the construct form.

1. דָּבָר
2. נָהָר
3. תּוֹרָה
4. סוּסָה
5. בְּרָכָה
6. אֲדָמָה
7. דְּבָרִים
8. אֲנָשִׁים
9. מְלָכִים
10. תּוֹרוֹת
11. בְּרָכוֹת
12. אֲדָמוֹת

B. Write the absolute form.

1. נְבִיא
2. מֶ֫לֶךְ
3. מַלְאַךְ
4. שְׁנַת
5. צִדְקַת
6. בְּנֵי
7. בְּנוֹת
8. סִפְרֵי
9. מִשְׁפַּ֫חַת
10. מִשְׁפְּחוֹת
11. נְשֵׁי
12. אֲבִי

C. Write in Hebrew.

1) a word of a prophet

2) the word of the prophet

3) the king of the city

4) the words of the prophet

5) the kings of the city

6) the horses of the king

7) the mares of the king

8) the blessing of the priest

9) the blessings of the priest

10) the house of the wife of the prophet of the city

D. Translate

1) דְּבַר־הַכֹּהֵן

2) דְּבַר־כֹּהֵן

3) דִּבְרֵי נָבִיא

4) נְבִיא הָעִיר

5) דִּבְרֵי־נְבִיא־הָעִיר

6) אִישׁ הַבַּ֫יִת

7) בֵּית הָאִשָּׁה

8) אֵ֫שֶׁת הַבַּ֫יִת

9) אֵ֫שֶׁת בֵּית הָעִיר

10) יַלְדֵי הָאֵם

11) תּוֹרַת יהוה

12) צִדְקַת הָאִשָּׁה

13) בִּרְכוֹת יהוה

14) בֶּן־מֶ֫לֶךְ

15) בֶּן־הַמֶּ֫לֶךְ

16) אֲבִי־הַמֶּ֫לֶךְ

17) בֶּן־אֲחִי־הַמֶּ֫לֶךְ

18) פִּי הַנָּבִיא

19) בְּפִי הַנָּבִיא

20) לִפְנֵי הֵיכַל הָאֱלֹהִים

Translation of Sentences

1) נִזְכֹּר אֶת־דִּבְרֵי־הַנָּבִיא׃

2) בָּא יהוה לְאֵשֶׁת־מֶלֶךְ־הָעִיר בְּתוֹךְ־הָאֵשׁ׃

3) הָיִינוּ עֲבָדִים בְּאֶרֶץ מִצְרַיִם וַנֵּצֵא מִשָּׁם וַיִּרְדְּפוּ אַנְשֵׁי מִצְרַיִם עַד הַמִּדְבָּר׃

4) אַחַר־מוֹת־הַמֶּלֶךְ עָזְבוּ בְּנֵי־יִשְׂרָאֵל אֶת־דֶּרֶךְ־יהוה וַיִּמְלֹךְ בֶּן־הַמֶּלֶךְ
בִּירוּשָׁלַיִם וְלֹא עָשָׂה מִשְׁפָּט וּצְדָקָה׃

5) וַיָּקָם מַלְאַךְ יהוה וַיֵּלֶךְ אֶל־הַהֵיכָל וַיַּעֲמֹד לִפְנֵי־הַכֹּהֵן׃
וַיֹּאמֶר בְּאָזְנֵי־כָל־הָעָם לֵאמֹר בָּאתִי בְּשֵׁם־אֱלֹהֵי־יִשְׂרָאֵל׃

Supplementary Exercises

Parse these nouns. Give gender, number and state.

1) דִּבְרֵי

2) דְּבָרִים

3) סִפְרֵי

4) אַב

5) שְׁנַת

6) בָּנוֹת

7) שָׁנָה

8) כֹּהֲנִים

9) נְהַר

10) אֲבוֹת

11) נְשֵׁי

12) סְפָרִים

13) אֵשֶׁת

14) עָרִים

15) נַהֲרוֹת

16) שְׁנֵי

17) דְּבַר

18) סֵ֫פֶר

19) אָבוֹת

20) כֹּהֲנֵי

21) שָׁנִים

22) בַּת

23) בָּתֵּי

24) עָרֵי

25) אֲבִי

26) עַבְדֵי

27) שְׁמֵי

28) נָשִׁים

Translate (and parse all verbs)

Genesis 4:16

וַיֵּ֥צֵא קַ֖יִן מִלִּפְנֵ֣י יְהוָ֑ה וַיֵּ֥שֶׁב בְּאֶֽרֶץ־נ֖וֹד קִדְמַת־עֵֽדֶן׃

Vocabulary

קֵדְמָה—front, east (n)

Genesis 6:8

וְנֹ֕חַ מָ֥צָא חֵ֖ן בְּעֵינֵ֥י יְהוָֽה׃

Vocabulary

חֵן—favor, grace (n)

Exodus 2:1

וַיֵּ֥לֶךְ אִ֖ישׁ מִבֵּ֣ית לֵוִ֑י וַיִּקַּ֖ח אֶת־בַּת־לֵוִֽי׃

EXERCISES, CHAPTER 10

DRILL #1 Translate

1) הוּא
2) הִיא
3) לוֹ
4) לָהּ
5) הֵם
6) הֵ֫נָּה
7) בָּם
8) בָּהֶן
9) אֲנִי
10) אָנֹכִי
11) אֲנַ֫חְנוּ
12) אֹתִי
13) אִתִּי
14) עִמִּי
15) עִמָּדִי
16) אֹתוֹ
17) אֹתָהּ
18) אִתָּהּ
19) אֹ֫תָנוּ
20) לָ֫נוּ
21) עִמָּ֫נוּ
22) אַתָּה
23) אַתְּ
24) לָךְ
25) לָכֶם
26) אַתֶּם
27) אַתֵּן
28) אֶתְהֶם
29) כָּמ֫וֹךָ
30) כָּמ֫וֹהָ
31) מִמֶּ֫נָּה
32) מִמְּךָ
33) מִמֶּ֫נִּי
34) מֵהֶם
35) כָּכֶם
36) כָּמ֫וֹנִי
37) כָּמ֫וֹנוּ
38) כָּמ֫וֹהוּ
39) מִמֶּ֫נּוּ

DRILL #2

A. Translate

EG: וֹ -- "his _____"

ָיו -- "his _____s"

1) ְךָ --

2) ֵךְ --

3) ֶיךָ --

4) ַיִךְ --

5) ֵנוּ --

6) ֵינוּ --

7) ְכֶם --

8) ֵיכֶם --

9) ַי --

10) ִי --

11) ָם --

12) ָן --

13) ָהּ --

14) ֶיהָ --

15) ֵיכֶן --

16) ֵיהֶן --

17) וֹ --

18) ָיו --

19) סוּס

20) סוּסִים

21) סוּסוֹ

22) סוּסָיו

23) תּוֹרָה

24) תּוֹרוֹת

25) תּוֹרָתִי

26) תּוֹרוֹתַי

27) סוּסִי

28) סוּסַי

29) דְּבָרֵנוּ

30) דְּבָרֵינוּ

31) דְּבָרַי

32) דְּבָרִי

33) דִּבְרֵיהֶם

34) בִּרְכָתוֹ

35) בִּרְכוֹתָיו

36) אֵלֶיהָ

37) אֵלַי

38) אֱלֹהֶיךָ

39) אֵלִי

40) לִי

41) עָלֵינוּ

42) אַחֲרֵיהֶם

B. Write in Hebrew.

1) his horse

2) his word

3) his Torah

4) her horse

5) her mare

6) their (m) word

7) their (m) words

8) our God

9) my blessing

10) my blessings

DRILL #3

1) אָבִי
2) אֲבִי
3) אָבִ֫יךָ
4) אָבִ֫ינוּ
5) אֲבוֹתֵ֫ינוּ
6) אֲבוֹתָיו
7) אָחִי
8) אֲחִי
9) אֲחֵי
10) אַחַי
11) אָחִ֫יךָ
12) אַחֶ֫יךָ
13) אָחִ֫יהוּ
14) אָחִיו
15) אֶחָיו
16) אָחִ֫ינוּ
17) אַחֵ֫ינוּ
18) אֲחִיכֶם
19) אֲחֵיכֶם
20) אֲבִיכֶם
21) אֲבוֹתֵיכֶם
22) אֲחִי־אָבִי
23) אֲחֵי־אָבִי
24) אֲבִי־אָחִי
25) פִּ֫יךָ
26) פִּי
27) פִּי־נָבִיא
28) פִּי־הַנָּבִיא
29) פִּי־נְבִיאִי
30) כְּפִי־נְבִיאִי

Translation of Sentences

1) אֲנִי אֶהְיֶה אִתְּךָ לְעוֹלָם׃

2) רָֽדְפוּ אֹיְבֵינוּ אֹתָנוּ מִן־הָעִיר עַד־הַמִּדְבָּר׃

3) בָּנוּ עַבְדֵי־הַמֶּלֶךְ בַּיִת לוֹ בְּתוֹךְ־הַשָּׂדֶה בֵּין הַנָּהָר וּבֵין הַיָּם׃

4) וַתֵּלֶד הָאִשָּׁה בֵּן וַתִּקְרָא אֶת־שֵׁם־בְּנָהּ עִמָּנוּ אֵל׃

5) לֹא אֶת־אֲבוֹתֵיכֶם כָּרַת יהוה אֶת־הַבְּרִית׃

6) עָֽלְתָה רוּחַ מֵהַיָּם וַתָּבוֹא עַד־בֵּיתִי׃

7) עָמַד אֲבִיכֶם בֵּינֵיכֶם וּבֵינִי׃

8) בָּאוּ אֲחֵי־אָבִינוּ אֵלַי וַיֹּאמְרוּ לֵאמֹר אֲנַחְנוּ עֲבָדֶיךָ וְאַתָּה רֹאשׁ־מִשְׁפַּחְתֵּנוּ׃

Supplementary Exercises
Translate

1) אֹיְבֵ֫ינוּ

2) אֹיְבַי

3) לְאֹיְבַ֫יִךְ

4) אֹיְבֵיכֶם

5) אוֹיְבֶךְ

6) אֹיְבֵיהֶם

7) אֹיְבֶ֫יךָ

8) אֹיְבִי

9) אֹיְבֶ֫יהָ

10) אֹיְבָיו

11) אַרְצֹתָם

12) אַרְצֵ֫נוּ

13) אַרְצִי

14) אַרְצְכֶם

15) אַרְצָהּ

16) אַרְצֵךְ

17) אַרְצוֹ

18) אַרְצְךָ

19) אַרְצָם

20) אִשְׁתִּי

21) אִשְׁתְּךָ

22) נָשָׁיו

23) נָשֵׁ֫ינוּ

24) נְשֵׁיכֶם

25) אִשְׁתּוֹ

26) נָשֶׁ֫יךָ

27) נָשַׁי

28) נְשֵׁיהֶם

29) עֲבָדַי

30) עַבְדֵיכֶם

31) עַבְדִּי

32) עֲבָדֶ֫יךָ

33) עַבְדְּךָ

34) עֲבָדָיו

35) עַבְדְּכֶם

36) עֲבָדֶ֫יהָ

37) עַבְדּוֹ

38) עַבְדֵיהֶם

Translate (and parse all verbs).

Genesis 4:6

וַיֹּ֥אמֶר יְהוָ֖ה אֶל־קָ֑יִן לָ֚מָּה חָ֣רָה לָ֔ךְ וְלָ֖מָּה נָפְל֥וּ פָנֶֽיךָ׃

Vocabulary

לָ֫מָּה—why

חרה—burn, be angry

Genesis 7:7

וַיָּ֣בֹא נֹ֗חַ וּ֠בָנָיו וְאִשְׁתּ֧וֹ וּנְשֵֽׁי־בָנָ֛יו אִתּ֖וֹ אֶל־הַתֵּבָ֑ה מִפְּנֵ֖י מֵ֥י הַמַּבּֽוּל׃

Vocabulary

תֵּבָה—ark (n)

מַבּוּל—flood (n)

Genesis 11:28a

11:28 וַיָּ֣מָת הָרָ֔ן עַל־פְּנֵ֖י תֶּ֣רַח אָבִ֑יו

Genesis 17:4

אֲנִ֕י הִנֵּ֥ה בְרִיתִ֖י אִתָּ֑ךְ וְהָיִ֕יתָ לְאַ֖ב הֲמ֥וֹן גּוֹיִֽם׃

Vocabulary

הֲמוֹן—crowd, multitude (n)

Psalm 81:12

וְלֹא־שָׁמַ֣ע עַמִּ֣י לְקוֹלִ֑י וְ֝יִשְׂרָאֵ֗ל לֹא־אָ֥בָה לִֽי׃

Vocabulary

אבה—be willing, consent, yield to, submit (v)

EXERCISES, CHAPTER 11

DRILL #1

A. Nouns and Adjectives

1) הָאִישׁ הַטּוֹב

2) טוֹב הָאִישׁ

3) טוֹב אִישׁ

4) הָאִישׁ טוֹב

5) אִישׁ טוֹב

6) הָאִשָּׁה הַטּוֹבָה

7) טוֹבָה הַתּוֹרָה

8) עִיר גְּדוֹלָה

9) גְּדוֹלוֹת עָרִים

10) הַמַּלְאָכִים הָרָעִים

11) בַּת קְטַנָּה

12) הַבָּנוֹת הַקְּטַנּוֹת

13) הַבָּנִים הָרְשָׁעִים

14) הַבָּנִים רְשָׁעִים

15) קְטַנִּים בָּנֵ֫ינוּ

16) בָּנֵ֫ינוּ הַקְּטַנִּים

17) עַמִּים רַבִּים

18) כָּבֵד הַדָּבָר

19) כְּבֵדִים הַדְּבָרִים

20) כָּֽבְדוּ הַדְּבָרִים

21) הָאֲנָשִׁים הַזְּקֵנִים

22) זְקֵנִים

23) הַזְּקֵנִים

24) צַדִּיקֵי־יהוה

25) אַנְשֵׁי־הָעִיר הָרָעִים

26) אַנְשֵׁי־הָעִיר הָרָעָה

27) טוֹב מְאֹד

28) עַם רַב מְאֹד

B. Write in Hebrew

1) a good man

2) the good man

3) the man is good

4) a man is good

5) the good year

6) the large city

7) the old men

8) the women are righteous

DRILL #2: Demonstratives

1) הָאִישׁ הַטּוֹב

2) הָאִישׁ הַזֶּה

3) הָאִישׁ הַטּוֹב הַזֶּה

4) טוֹב הָאִישׁ

5) זֶה הָאִישׁ

6) זֶה הָאִישׁ הַטּוֹב

7) טוֹב הָאִישׁ הַזֶּה

8) הָאִשָּׁה הַטּוֹבָה

9) הָאִשָּׁה הַזֹּאת

10) טוֹבָה הָאִשָּׁה

11) זֹאת הָאִשָּׁה

12) הָאִשָּׁה הַטּוֹבָה הַזֹּאת

13) זֹאת הָאִשָּׁה הַטּוֹבָה

14) הָאֲנָשִׁים הַטּוֹבִים הָאֵ֫לֶּה

15) הַנָּשִׁים הַטּוֹבוֹת הָאֵ֫לֶּה

16) אֵ֫לֶּה הַנָּשִׁים הַטּוֹבוֹת

17) אֵ֫לֶּה הָאֲנָשִׁים הַטּוֹבִים

18) הָאִישׁ הַהוּא

19) הָאִישׁ הַטּוֹב הַהוּא

20) הוּא הָאִישׁ הַטּוֹב

21) הִיא הָאִשָּׁה הַטּוֹבָה

22) הָאִשָּׁה הַטּוֹבָה הַהִיא

23) הָאֲנָשִׁים הַטּוֹבִים הָהֵם

24) הֵם הָאֲנָשִׁים הַטּוֹבִים

25) הֵ֫נָּה הַנָּשִׁים הַטּוֹבוֹת

26) הַנָּשִׁים הַטּוֹבוֹת הָהֵ֫נָּה

27) בַּיּוֹם הַהוּא

28) אַחֲרֵי הַדְּבָרִים הָאֵ֫לֶּה

Translation of Sentences

1) קָֽרְבוּ הַכֹּהֲנִים הַצַּדִּיקִים אֶל־הָהָר הַקָּדוֹשׁ בְּצֶ֫דֶק׃

2) גָּדוֹל אֱלֹהֵ֫ינוּ בְּהַר־קָֽדְשׁוֹ׃

3) כְּבֵדִים הָאֲנָשִׁים הַזְּקֵנִים מִן־הַיְלָדִים הַקְּטַנִּים׃

4) טוֹב זָהָב מִן־כֶּ֫סֶף וְצֶ֫דֶק הַטּוֹב׃

5) קָֽרָא הָעָם בְּקוֹל גָּדוֹל לֵאמֹר נֵלֵךְ בְּדַרְכֵי־יהוה כִּי אֲ֫נַחְנוּ עַם קָדוֹשׁ לַיהוה׃

6) רַע מְאֹד הַדָּבָר בְּעֵינֵי־הַנָּבִיא וַיִּקְֽרָא אֶל־הַמֶּ֫לֶךְ לֵאמֹר רַע אַתָּה מִכָּל־הַמְּלָכִים
לְפָנֶ֫יךָ׃

7) וַיֹּ֫אמֶר מֶ֫לֶךְ־מִצְרַ֫יִם לֵאמֹר יִרְבֶּה עַם־יִשְׂרָאֵל בְּקֶ֫רֶב־אַרְצֵ֫נוּ וְהָיוּ לְרֹב גָּדוֹל
מְאֹד׃

Supplementary Exercises
Translate (and parse all verbs)

Numbers 16:25

וַיָּ֣קָם מֹשֶׁ֔ה וַיֵּ֖לֶךְ אֶל־דָּתָ֣ן וַאֲבִירָ֑ם וַיֵּלְכ֥וּ אַחֲרָ֖יו זִקְנֵ֥י יִשְׂרָאֵֽל׃

Genesis 29:16

וּלְלָבָ֖ן שְׁתֵּ֣י בָנ֑וֹת שֵׁ֤ם הַגְּדֹלָה֙ לֵאָ֔ה וְשֵׁ֥ם הַקְּטַנָּ֖ה רָחֵֽל׃

Vocabulary
שְׁתֵּי—two

Numbers 15:40

תִּזְכְּר֔וּ וַעֲשִׂיתֶ֖ם אֶת־כָּל־מִצְוֺתָ֑י וִהְיִיתֶ֥ם קְדֹשִׁ֖ים לֵאלֹהֵיכֶֽם׃

Vocabulary
מִצְוָה—command (n)

Genesis 43:1

וְהָרָעָב כָּבֵד בָּאָרֶץ׃

Vocabulary

רָעָב—famine (n)

2 Chronicles 14:1

וַיַּעַשׂ אָסָא הַטּוֹב וְהַיָּשָׁר בְּעֵינֵי יְהוָה אֱלֹהָיו׃

Vocabluary

יָשָׁר—right, straight (adj)

1 Samuel 24:18

וַיֹּאמֶר אֶל־דָּוִד צַדִּיק אַתָּה מִמֶּנִּי כִּי אַתָּה גְּמַלְתַּנִי הַטּוֹבָה וַאֲנִי גְּמַלְתִּיךָ
הָרָעָה׃

Vocabulary

גמל—repay

Psalm 34:16a

עֵינֵ֣י יְ֭הוָה אֶל־צַדִּיקִ֑ים

Job 20:29a

זֶ֤ה ׀ חֵֽלֶק־אָדָ֣ם רָ֭שָׁע מֵאֱלֹהִ֑ים

Vocabulary

חֵ֫לֶק—portion (n)

EXERCISES, CHAPTER 12

DRILL #1: Participles

A. Translate

1) הָאִישׁ הַטּוֹב

2) הָאִישׁ הַמֹּצֵא

3) הָאִישׁ מֹצֵא

4) הָאִישׁ מֹצֵא אֶת־הַיֶּ֫לֶד

5) הָאִישׁ הַמֹּצֵא אֶת־הַיֶּ֫לֶד

6) טוֹב הָאִישׁ הַמֹּצֵא אֶת־הַיֶּ֫לֶד

7) טוֹבִים הָאֲנָשִׁים הַמֹּצְאִים אֶת־הַיֶּ֫לֶד

8) הָאִשָּׁה יֹלֶ֫דֶת

9) טוֹבָה הָאִשָּׁה הַיֹּלֶ֫דֶת בֵּן

10) הַנָּשִׁים יֹלְדוֹת בָּנִים וּבָנוֹת

11) הוּא שֹׁלֵחַ מַלְאָךְ

12) הִיא שֹׁלַ֫חַת מַלְאָךְ

13) הֵם שֹׁלְחִים מַלְאָךְ

14) אֲנַ֫חְנוּ שֹׁלְחִים מַלְאָךְ

15) אָנֹכִי עֹמֵד בֵּין יהוה וּבֵינֵיכֶם

16) הָאִשָּׁה קֹרֵאת בְּקוֹל גָּדוֹל

17) קוֹל קֹרֵא בַּמִּדְבָּר

18) הַמֶּ֫לֶךְ בֹּנֶה בַּ֫יִת

19) הַבָּנִים בֹּנִים בַּ֫יִת

20) הַנָּשִׁים עֹלוֹת אֶל־הָעִיר

21) הָאִשָּׁה עֹלָה אֶל־הָעִיר

22) רוּחַ גְּדוֹלָה קָמָה עַל־הַיָּם

23) קָ֫מָה רוּחַ גְּדוֹלָה עַל־הַיָּם

24) הַנָּבִיא קָם וְהֹלֵךְ אֶל־הָעִיר

25) קָם הַנָּבִיא וַיֵּ֫לֶךְ אֶל־הָעִיר

26) הוּא בָא אֶל־עַמּוֹ

27) בָּא הַמֶּ֫לֶךְ אֶל־עַמּוֹ

28) אֲנִי בָא אֶל־עַמִּי

29) רַבִּים יֹשְׁבֵי הָעִיר

30) הַבָּא

B. Parse	Conjugation	Aspect	P / N / G	Root	Translation
1) יֹצֵא	QAL				
2) עֹמְדִים	QAL				

	Conjugation	Aspect	P / N / G	Root	Translation
3) הֹלֶכֶת	QAL				
4) נֹתְנוֹת	QAL				
5) הָלְכוּ	QAL				
6) יִזְכֹּר	QAL				
7) שֹׁלֵחַ	QAL				
8) יִבְחֲרוּ	QAL				
9) עֲלִיתֶם	QAL				
10) בֹּנִים	QAL				
11) רֹאֶה	QAL				
12) אֶהְיֶה	QAL				
13) עָנָה	QAL				
14) נָשׁוּב	QAL				
15) קַמְתִּי	QAL				

	Conjugation	Aspect	P / N / G	Root	Translation
16) בָּאָה	QAL				
17) סָ֫רוּ	QAL				
18) שָׂם (2 forms)	QAL				
19) וַיָּ֫סַר	QAL				
20) יֹשֶׁ֫בֶת	QAL				

C. Write in Hebrew

1) The messenger is walking.

2) The messenger who is walking

3) The woman is walking.

4) The men are walking.

5) The women who are walking

DRILL #2: Relative Pronouns

1) קָם מֶ֫לֶךְ חָדָשׁ אֲשֶׁר לֹא יָדַע אֶת־יוֹסֵף

2) הָעָם הַהֹלְכִים בְּחֹשֶׁךְ רָאוּ אוֹר גָּדוֹל

3) זֶה הַיּוֹם אֲשֶׁר יהוה עָשָׂה

4) אֵ֫לֶּה הַמִּשְׁפָּטִים אֲשֶׁר אָנֹכִי אֹמֵר בְּאָזְנֵיכֶם

5) בָּ֫אוּ אַחַי אֲשֶׁר שָׁלַח אָבִי אֹתָם

6) תִּסַּע אַתָּה וּבֵיתְךָ אֶל־אֲדָמָה אֲשֶׁר לֹא יָדַ֫עְתָּ אַתָּה

7) רָעָה הָעִיר אֲשֶׁר אֹיְבֵינוּ יֹשְׁבִים בָּהּ

Translation of Sentences

1) הָאִישׁ הַחָכָם וְהַיָּשָׁר הֹלֵךְ אֶל־הָעִיר וְעֹלֶה אֶל־הַהֵיכָל׃

2) כֹּה אָמַר יהוה בֹּרֵא־הַשָּׁמַיִם לֵאמֹר אֲנִי נֹתֵן זֶרַע לַזֹּרֵעַ וְלֶחֶם לָאֹכֵל׃

3) יָדַעְתִּי אֲנִי כִּי גֹּאֲלִי חַי׃

4) כֹּה אָמַר יהוה לֵאמֹר עַתָּה אָנֹכִי עֹשֶׂה דָבָר חָדָשׁ׃ יָמִים בָּאִים וְכָרַתִּי בְּרִית
חֲדָשָׁה עִם בֵּית־יִשְׂרָאֵל וְעִם בֵּית־יְהוּדָה׃

5) בַּיּוֹם הַהוּא וּבָעֵת הַהִיא יִקְרָא הָעָם הַזֶּה בְּקוֹל גָּדוֹל לֵאמֹר הוּא מַלְכֵּנוּ וְגֹאֲלֵנוּ שֹׁפְטֵנוּ וֵאלֹהֵינוּ׃

Supplementary Exercises

Conjugate the verb גדל as a Qal (G) participle. Check your answers against Appendix III (240–41).

ms			mp
fs			fp

Conjugate the verb עבד as a Qal (G) participle. Check your answers against Appendix IV-A (pages 242–43).

ms			mp
fs			fp

Conjugate the verb נשא as a Qal (G) participle. Check your answers against Appendix IV-D (pages 248–49).

ms			mp
fs			fp

Conjugate the verb בוא as a Qal (G) participle. Check your answers against Appendix IV-G (pages 254–55).

ms			mp
fs			fp

Translate (and parse all verbs)

Genesis 4:9

וַיֹּ֤אמֶר יְהוָה֙ אֶל־קַ֔יִן אֵ֖י הֶ֣בֶל אָחִ֑יךָ וַיֹּ֙אמֶר֙ לֹ֣א יָדַ֔עְתִּי הֲשֹׁמֵ֥ר אָחִ֖י אָנֹֽכִי׃

Vocabulary

אֵי—where? (prn)

הֲ—this prefix signals the beginning of a question (see chapter 13)

Exodus 11:4

וַיֹּ֣אמֶר מֹשֶׁ֔ה כֹּ֖ה אָמַ֣ר יְהוָ֑ה כַּחֲצֹ֣ת הַלַּ֔יְלָה אֲנִ֥י יוֹצֵ֖א בְּת֥וֹךְ מִצְרָֽיִם׃

Vocabulary

חֲצֹת—middle, dividing (n)

Deuteronomy 32:52

כִּ֥י מִנֶּ֖גֶד תִּרְאֶ֣ה אֶת־הָאָ֑רֶץ וְשָׁ֙מָּה֙ לֹ֣א תָב֔וֹא אֶל־הָאָ֕רֶץ אֲשֶׁר־אֲנִ֥י נֹתֵ֖ן
לִבְנֵ֥י יִשְׂרָאֵֽל׃

Vocabulary

נֶגֶד—opposite, before (prep)

שָׁמָּה— to there

Song of Songs 2:16

דּוֹדִ֥י לִי֙ וַאֲנִ֣י ל֔וֹ הָרֹעֶ֖ה בַּשּׁוֹשַׁנִּֽים׃

Vocabulary

דּוֹד—beloved (n)

רעה—pasture, tend, graze (v)

שׁוֹשָׁן—lily (n)

Numbers 21:34b

וְעָשִׂ֣יתָ לּ֔וֹ כַּאֲשֶׁ֣ר עָשִׂ֗יתָ לְסִיחֹן֙ מֶ֣לֶךְ הָֽאֱמֹרִ֔י אֲשֶׁ֥ר יוֹשֵׁ֖ב בְּחֶשְׁבּֽוֹן׃

EXERCISES, CHAPTER 13

DRILL

A. Translate

1) יֵשׁ סוּס לָאִישׁ

2) אֵין סוּס לָאִישׁ

3) אֵין סוּס לוֹ

4) יֵשׁ אִישׁ לָאִשָּׁה

5) אֵין לָהּ אִישׁ

6) אֵין לָ֫נוּ כֶּ֫סֶף

7) הֲיֵשׁ לְךָ לֶ֫חֶם

8) הַאֵין לָהֶם בָּנִים וּבָנוֹת

9) מִי הָאִישׁ הַהוּא

10) מָה זֹּאת אֲשֶׁר עָשִׂ֫יתָ

11) אַיֵּה הַיְלָדִים

12) מִי כָּמ֫וֹךָ

13) הִנֵּה אֱלֹהֵיכֶם

14) אֵין אֱלֹהִים כָּמ֫וֹךָ

15) הִנֵּה הָאִשָּׁה יֹ֫לֶדֶת בֵּן

B. Write in Hebrew.

1) There is a house.

2) The king has a house.

3) The prophet has no house.

4) We have no food.

5) I have a herd and a flock.

6) Do you (sm) have food?

7) Doesn't she have a husband (man)?

8) Who is walking in the field?

9) Where is your (pm) father?

10) What is this thing (matter = word)?

Translation of Sentences

1) הֲזֶה הַיֶּ֫לֶד אֲשֶׁר אָבִ֫ינוּ רֹדֵף אֹתוֹ׃

2) הִנֵּה הָאֵשׁ וְהָעֵצִים וְאַיֵּה הָעֹלָה׃

3) אָמַ֫רְתִּי אַיֵּה אַתָּה וַיֹּאמֶר הִנֶּ֫נִּי׃

4) כָּבֵד מְאֹד הָאִישׁ הַהוּא אֲשֶׁר תַּחַת הָעֵץ יֵשׁ לוֹ כֶּסֶף וְזָהָב וְיֵשׁ לְבָנָיו צֹאן וּבָקָר: לָמָּה אֵין לָהֶם חָכְמָה וְחֶסֶד:

5) יָשָׁר וְצַדִּיק אֱלֹהֵינוּ וְהִנֵּה הוּא פֹּקֵד עָוֹן־אָבוֹת עַל־בָּנִים וְעֹשֶׂה חֶסֶד לְעַמּוֹ:

6) וַיֹּאמֶר יוֹסֵף אֶל־אֵשֶׁת־אֲדוֹן־הַבַּיִת לֵאמֹר הִנֵּה נָתַן אֲדוֹנִי בְּיָדִי אֶת־כָּל־אֲשֶׁר־יֶשׁ־לוֹ וְאֵינֶנּוּ גָּדוֹל בַּבַּיִת הַזֶּה מִמֶּנִּי: וְאֵיךְ אֶעֱשֶׂה הָרָעָה הַגְּדוֹלָה הַזֹּאת וְחָטָאתִי לֵאלֹהִים:

Supplementary Exercises

Translate (and parse all verbs).

Ecclesiastes 6:1

יֵשׁ רָעָה אֲשֶׁר רָאִיתִי תַּחַת הַשָּׁמֶשׁ וְרַבָּה הִיא עַל־הָאָדָם׃

Vocabulary

שֶׁמֶשׁ—sun (n)

Ecclesiastes 4:9

טוֹבִים הַשְּׁנַיִם מִן־הָאֶחָד אֲשֶׁר יֵשׁ־לָהֶם שָׂכָר טוֹב בַּעֲמָלָם׃

Vocabulary

שְׁנַיִם—two (adj)

אֶחָד—one (adj)

שָׂכָר—reward (n)

עָמָל—toil, hard work (n)

Judges 17:6

בַּיָּמִים הָהֵם אֵין מֶלֶךְ בְּיִשְׂרָאֵל אִישׁ הַיָּשָׁר בְּעֵינָיו יַעֲשֶׂה׃

1 Samuel 2:2

אֵין־קָדוֹשׁ כַּיהוָה כִּי אֵין בִּלְתֶּךָ וְאֵין צוּר כֵּאלֹהֵינוּ׃

Vocabulary

צוּר—rock (n)

בִּלְתִּי—not, except (particle of negation) [see chapter 15, page 144]

2 Samuel 1:8

וַיֹּאמֶר לִי מִי־אָתָּה וָאֹמַר אֵלָיו עֲמָלֵקִי אָנֹכִי׃

Vocabulary

עֲמָלֵקִי—Amalekite (pers. n.)

Genesis 32:28

וַיֹּאמֶר אֵלָיו מַה־שְּׁמֶךָ וַיֹּאמֶר יַעֲקֹב׃

Exodus 4:2

וַיֹּ֧אמֶר אֵלָ֛יו יְהוָ֖ה מַה־זֶּ֣ה בְיָדֶ֑ךָ וַיֹּ֖אמֶר מַטֶּֽה׃

Vocabulary

מַטֶּה—staff, rod (n)

Genesis 18:9

וַיֹּאמְר֣וּ אֵלָ֔יו אַיֵּ֖ה שָׂרָ֣ה אִשְׁתֶּ֑ךָ וַיֹּ֖אמֶר הִנֵּ֥ה בָאֹֽהֶל׃

Vocabulary

אֹהֶל—tent (n)

EXERCISES, CHAPTER 14

DRILL

A. Parse	Conjugation	Aspect	P / N / G	Root	Translation
1) תִּשְׁמֹר (3 forms)	QAL				
2) שְׁמֹר (2 forms)	QAL				
3) שְׁמַע	QAL				
4) שִׁמְרוּ	QAL				
5) שָֽׁמְרוּ	QAL				
6) בַּחֲרוּ	QAL				
7) מְצָא	QAL				
8) תִּסְעוּ	QAL				
9) סְעוּ	QAL				
10) תֵּשְׁבִי	QAL				
11) שְׁבִי	QAL				
12) שׁוּב	QAL				

13) אָקוּמָה	QAL				
14) נִזְכְּרָה	QAL				
15) יִזְכֹּר (2 forms)	QAL				
16) תִּבְנֶה (2 forms)	QAL				
17) בְּנֵה	QAL				
18) בְּנוּ	QAL				
19) בְּנֶינָה	QAL				
20) יִבֶן	QAL				
21) וַיִּבֶן	QAL				
22) יִבְנֶה	QAL				
23) תָּקוּמִי	QAL				
24) קוּמִי	QAL				
25) קֹמְנָה	QAL				
26) יָקוּם	QAL				

27) יָקֹם	QAL				
28) וַיָּ֫קָם	QAL				
29) נְפֹל	QAL				
30) תֵּן	QAL				
31) תִּתְּנוּ	QAL				
32) תְּנוּ	QAL				
33) קַח	QAL				
34) לֵךְ	QAL				
35) לְכוּ	QAL				
36) נֵלְכָה	QAL				

B. Write in Hebrew

1) You (sm) will remember the covenant.

2) Remember (sm) the covenant.

3) Remember (pm) the Torah of your God.

4) Hear (sm) the word of YHWH.

5) Let me find favor in the eyes of the king.

6) Do not forget (pf) the Torah.

7) Let us not forget the words of our God.

8) We will rejoice.

9) Let us rejoice.

10) Do not be afraid (sf)!

C. Translate

1) שְׁמַע יִשְׂרָאֵל אֶת־הַמִּשְׁפָּטִים

2) זְכֹר וְאַל־תִּשְׁכַּח אֶת־דְּבָרַי

3) קוּם לֵךְ הָעִ֫ירָה הַגְּדוֹלָה

4) יְהִי אוֹר

5) חָרָה אַף־הַמֶּ֫לֶךְ

6) אַל־יִ֫חַר אַפּוֹ

7) נִשְׂמְחָה

8) לְכוּ וְנָשׁ֫וּבָה אֶל־יהוה

9) מָה זֹּאת עָשִׂ֫יתָ עֱנֵה לִי

10) יֵשׁ לַשֹּׁפֵט צֹאן וּבָקָר

11) בְּרָא לִי רוּחַ חֲדָשָׁה

12) אֶמְצְאָה חֵן בְּעֵינֶיךָ

13) תֵּן לָ֫נוּ לֶ֫חֶם

14) דְּעוּ כִּי אֲנִי אֱלֹהִים

15) ק֫וּמִי וּלְכִי

16) אַל תֹּאכַל אֶת־כָּל־טָמֵא

17) אַל־תָּסוּר עַל־יָמִין וְעַל־שְׂמֹאל

18) שֹׁ֫בְנָה וְלֵ֫כְנָה

19) יִמְלֹךְ יהוה

20) אַל יִרְדְּפוּ אֹיְבַי אַחֲרַי

Translation of Sentences

1) צֵא מִן הָעִיר וּבוֹא הַמִּדְבָּ֫רָה וּרְדֹף אַחַר אֹיְבֶ֫יךָ׃

2) לְכוּ נֵלְכָה בְּאוֹר־יהוה׃

3) נָפְלוּ הָאֲנָשִׁים הָרָעִים אַ֫רְצָה׃

4) וַ֫יֹּאמֶר אֱלֹהִים יְהִי אוֹר וַיְהִי אוֹר׃

5) רְאֵה הַשָּׁמַ֫יְמָה וְדַע כִּי אָנֹכִי אֱלֹהֶיךָ׃

6) וַ֫יֹּאמֶר הַמַּלְאָךְ אֶל־הָאִשָּׁה לֵאמֹר אַל־תִּירְאִי כִּי מָצָאת חֵן בְּעֵינֵי־יהוה
קְדוֹשָׁה אַתְּ לַיהוה׃ אַל תִּשְׁתִּי יַ֫יִן וְאַל תֹּאכְלִי כָּל־טָמֵא׃

7) רָאָה יהוה אֶת־כָּל־אֲשֶׁר עָשָׂה הָעָם וַיִּחַר אַפּוֹ בָּהֶם וַיִּקְרָא בְּפִי־נְבִיאוֹ לֵאמֹר
לָמָּה חֲטָאתֶם לֵאלֹהֵיכֶם׃ זִכְרוּ וְאַל־תִּשְׁכְּחוּ אֶת־חַסְדּוֹ׃ וְעַתָּה יִרְאוּ יהוה וּלְכוּ
בִּדְרָכָיו׃ קוּמוּ וּסְעוּ יָמָּה וְיִרְשׁוּ אֶת־הָאָרֶץ אֲשֶׁר הוּא נֹתֵן לָכֶם׃

Supplementary Exercises

Conjugate the verb זכר in the Qal (G) jussive, imperative and cohortative moods. Check your answers against Appendix IV (pages 240–41).

Jussive

ms			mp
fs			fp

Imperative

ms			mp
fs			fp

Cohortative

cs			cp

Conjugate the verb נתן in the Qal (G) jussive, imperative and cohortative moods. Check your answers against Appendix IV-E (pages 250–51).

Jussive

ms			mp
fs			fp

Imperative

ms			mp
fs			fp

Cohortative

cs			cp

Conjugate the verb ידע in the Qal (G) jussive, imperative and cohortative moods. Check your answers against Appendix IV-F (pages 252–53) and IV-C (pages 246–47).

Jussive

ms			mp
fs			fp

Imperative

ms			mp
fs			fp

Cohortative

cs			cp

Conjugate the verb בוא in the Qal (G) jussive, imperative and cohortative moods. Check your answers against Appendix IV-G (pages 254–55) and page 129.

Jussive

ms			mp
fs			fp

Imperative

ms			mp
fs			fp

Cohortative

cs			cp

Conjugate the verb עלה in the Qal (G) jussive, imperative and cohortative moods. Check your answers against Appendix IV-H (pages 256–57) and IV-A (pages 242–43) and page 129.

Jussive

ms			mp
fs			fp

Imperative

ms			mp
fs			fp

Cohortative

cs			cp

Translate (and parse all verbs)

Psalm 22:12

אַל־תִּרְחַ֣ק מִ֭מֶּנִּי כִּי־צָרָ֣ה קְרוֹבָ֑ה כִּי־אֵ֥ין עוֹזֵֽר׃

Vocabulary

רחק—be distant (v)

צָרָה—distress, trouble (n)

קָרוֹב—near (adj)

עזר—help, aid (v)

1 Samuel 25

3 וְשֵׁ֤ם הָאִישׁ֙ נָבָ֔ל וְשֵׁ֥ם אִשְׁתּ֖וֹ אֲבִגָ֑יִל וְהָאִשָּׁ֤ה טֽוֹבַת־שֶׂ֙כֶל֙ וִ֣יפַת תֹּ֔אַר
וְהָאִ֥ישׁ קָשֶׁ֛ה וְרַ֥ע מַעֲלָלִ֖ים וְה֥וּא כָלִבִּֽי׃ 4 וַיִּשְׁמַ֥ע דָּוִ֖ד בַּמִּדְבָּ֑ר
כִּֽי־גֹזֵ֥ז נָבָ֖ל אֶת־צֹאנֽוֹ׃ 5 וַיִּשְׁלַ֥ח דָּוִ֖ד עֲשָׂרָ֣ה נְעָרִ֑ים וַיֹּ֨אמֶר דָּוִ֜ד לַנְּעָרִ֗ים עֲל֤וּ
כַרְמֶ֙לָה֙ וּבָאתֶ֣ם אֶל־נָבָ֔ל וּשְׁאֶלְתֶּם־ל֥וֹ בִשְׁמִ֖י לְשָׁלֽוֹם׃ 6 וַאֲמַרְתֶּ֥ם כֹּ֖ה לֶחָ֑י
וְאַתָּ֤ה שָׁלוֹם֙ וּבֵיתְךָ֣ שָׁל֔וֹם וְכֹ֥ל אֲשֶׁר־לְךָ֖ שָׁלֽוֹם׃

Vocabulary

3 שֶׂכֶל—prudence, good sense (n)

יָפֶה—fair, beautiful (adj)

תֹּאַר—form (n)

קָשֶׁה—hard, severe (adj)

מַעֲלָל—deed, practice (n)

4 גזז—cut, shear (v)

5 עֶשֶׂר—ten (adj)

נַעַר—young man (n)

שׁאל—ask (v)

EXERCISES, CHAPTER 15

DRILL

1) זָכוֹר תִּזְכְּרוּ אֶת־כָּל־דְּבָרַי

2) טוֹב לִזְכֹּר אֶת־אֱלֹהֵינוּ

3) רַע לְבִלְתִּי זְכֹר אֶת־אֱלֹהֵינוּ

4) לֹא יָכֹ֫לְתִּי לִשְׁמֹר אֶת־הַתּוֹרָה

5) אַל־תִּשְׁכַּח אֶת־הַתּוֹרָה

6) לֹא יָכֹ֫לְתִּי לְבִלְתִּי חֲטֹא לְיהוה

7) תֵּן לִי לֶ֫חֶם לַאֱכֹל

8) תֵּן לִי לֶ֫חֶם לְמַ֫עַן אֹכַל

9) תֵּן לִי לֶ֫חֶם לְמַ֫עַן אָכְלִי

10) תֵּן לִי לֶ֫חֶם פֶּן אָמוּת

11) טוֹב לְתֵת מִלְּקַ֫חַת

12) שִׁמְרוּ אֶת־דִּבְרֵי־יהוה

13) תִּשְׁמְרוּ אֶת־דִּבְרֵי־יהוה

14) שָׁמוֹר תִּשְׁמְרוּ אֶת־דִּבְרֵי־יהוה

15) שְׁמַע אֶת־דִּבְרֵי־יהוה

16) שְׁמַע שָׁמוֹעַ אֶת־דִּבְרֵי־יהוה

Translation of Sentences

1) וַיְהִי אַחַר מוֹת־הַמֶּ֫לֶךְ וַיָּ֫קָם מֶ֫לֶךְ חָדָשׁ אֲשֶׁר לֹא יָדַע אֶת־יוֹסֵף׃

2) וַיְהִי בִּמְצֹא־הָאִישׁ אֶת־אֹיְבוֹ וַיַּהֲרֹג אֹתוֹ׃

3) וְהָיָה בִּמְצֹא־הָאִישׁ אֶת־אֹיְבוֹ וְהָרָג אֹתוֹ׃

4) וַיְהִי בְּהָרְגוֹ אֶת־אֹיְבוֹ וַיִּ֫חַר אַף־יהוה בּוֹ׃

5) וַיְהִי בַּעֲלוֹת־בְּנֵי־יִשְׂרָאֵל מִמִּצְרַ֫יִם וַיִּסְעוּ הַמִּדְבָּ֫רָה׃

6) וְהָיָה כְּעָבְרְכֶם אֶת־הַנָּהָר וּבָאתֶם אֶל־הָאֲדָמָה וִירִשְׁתֶּם אֹתָהּ׃

7) וְהָיָה כִּפְקֹד יהוה אֶת־אִשְׁתְּךָ וְהָרְתָה וְיָלְדָה בֵּן׃

8) וַיְהִי בְּשָׁמְעֵ֫נוּ אֶת־קוֹלוֹ וַנִּשְׂמַח׃

9) אֵ֫לֶּה דִּבְרֵי יהוה וְזָכַרְתָּ֫ אֹתָם בְּשִׁבְתְּךָ בְּבֵיתֶךָ וּבְלֶכְתְּךָ עַל־הַדֶּ֫רֶךְ
וּבְשָׁכְבְּךָ וּבְקוּמֶךָ׃

10) אָמַר יהוה אֱלֹהִים אֶל־הָאָדָם לֵאמֹר מִכֹּל עֵץ־הַגָּן אָכוֹל תֹּאכֵל׃
וּמֵעֵץ הַדַּ֫עַת טוֹב וָרָע לֹא תֹאכַל מִמֶּ֫נּוּ כִּי בְּיוֹם אֲכָלְךָ מִמֶּ֫נּוּ מוֹת תָּמוּת׃

Supplementary Exercises

Write the Qal (G) infinitives absolute and construct for the following verbs. Check your answers against the verb paradigm charts in the back of the textbook.

Root	Infinitive Absolute	Infinitive Construct
1) שׁכב		
2) ילד		
3) נתן		
4) סור		
5) עלה		
6) לקח		
7) נשׂא		
8) ישׁב		

Translate (and parse all verbs)

Genesis 2:18

וַיֹּ֨אמֶר֙ יְהוָ֣ה אֱלֹהִ֔ים לֹא־ט֛וֹב הֱי֥וֹת הָֽאָדָ֖ם לְבַדּ֑וֹ אֶֽעֱשֶׂהּ־לּ֥וֹ עֵ֖זֶר כְּנֶגְדּֽוֹ׃

Vocabulary

לְבַד—alone (adv)

עֵזֶר—help, helper (n)

נֶגֶד—opposite, before, over against, corresponding to

Genesis 2:24

עַל־כֵּן֙ יַֽעֲזָב־אִ֔ישׁ אֶת־אָבִ֖יו וְאֶת־אִמּ֑וֹ וְדָבַ֣ק בְּאִשְׁתּ֔וֹ וְהָי֖וּ לְבָשָׂ֥ר אֶחָֽד׃

Vocabulary

עַל־כֵּן—therefore

דבק—cling (v)

בָּשָׂר—flesh (n)

אֶחָד—one (adj)

Deuteronomy 4

7 כִּ֚י מִי־ג֣וֹי גָּד֔וֹל אֲשֶׁר־ל֥וֹ אֱלֹהִ֖ים קְרֹבִ֣ים אֵלָ֑יו כַּיהוָ֣ה אֱלֹהֵ֔ינוּ
בְּכָל־קָרְאֵ֖נוּ אֵלָֽיו׃ 8 וּמִי֙ גּ֣וֹי גָּד֔וֹל אֲשֶׁר־ל֛וֹ חֻקִּ֥ים וּמִשְׁפָּטִ֖ים צַדִּיקִ֑ם כְּכֹל֙
הַתּוֹרָ֣ה הַזֹּ֔את אֲשֶׁ֧ר אָנֹכִ֛י נֹתֵ֥ן לִפְנֵיכֶ֖ם הַיּֽוֹם׃

7 קָרוֹב—near (adj)

EXERCISES, CHAPTER 16

DRILL #1: Object Suffixes

1. שָׁמַר אֹתִי
2. שְׁמָרַנִי
3. שָׁמַרְתִּי אֹתוֹ
4. שְׁמַרְתִּיהוּ
5. שְׁמָרַתְהוּ
6. שְׁמַרְתָּהוּ
7. שְׁמַרְתּוֹ
8. שְׁמָרוּהוּ
9. שְׁמַרְתּוּהוּ
10. שְׁמַרְנוּהוּ
11. שָׁמַרְנוּ
12. שְׁמָרָנוּ
13. שְׁמַרְנוּהָ
14. שְׁמָרַתְנוּ
15. שְׁמָרַתְךָ
16. שְׁמַרְתָּהּ
17. שְׁמַרְתָּם
18. שְׁמָרָם
19. שְׁמַרְתִּיךְ
20. שְׁמַרְתִּינִי
21. שְׁמַרְתִּים (2 forms)
22. שְׁמַרְתִּין (2 forms)
23. יִשְׁמְרֵנִי
24. יִשְׁמְרֶנִּי
25. יִשְׁמְרוּנִי
26. אֶשְׁמְרֵהוּ
27. נִשְׁמְרֵם
28. תִּשְׁמָרְךָ
29. תִּשְׁמְרֶהָ
30. שָׁמְרֶנִּי
31. שָׁמְרוֹ
32. שָׁמְרֵהוּ

DRILL #2: All QAL

Parse	Conjugation	Aspect	P / N / G	Root	Translation
1) בָּנִ֫יתָ	QAL				
2) תֵּלְדִי	QAL				
3) בַּחֲרוּ	QAL				
4) כָּבְדוּ	QAL				
5) יֹשְׁבִים	QAL				
6) מְצָאתֶם	QAL				
7) וַאֹ֫מַר	QAL				
8) נְפֹל	QAL				
9) שָׁ֫מוּ	QAL				
10) בָּאָה	QAL				
11) וַיַּ֫עַל	QAL				
12) שְׁמֹ֫עַ	QAL				
13) עֲנֵה	QAL				

14) בֹּ֫אנָה	QAL				
15) רֶ֫דֶת	QAL				
16) וַיָּ֫מָת	QAL				
17) עָלוּ	QAL				
18) נִרְדְּפָה	QAL				
19) רְאוֹת	QAL				
20) עֲשׂוּ	QAL				

Translation of Sentences

1) שְׁמַע יִשְׂרָאֵל יהוה אֱלֹהֵ֫ינוּ יהוה אֶחָד׃

2) וְהָיָה אַחַר יָמִים שְׁנַ֫יִם וְקָרַ֫בְנוּ אֶל־הָהָר וּקְבָצ֫וּנוּ הַכֹּהֲנִים יַחְדָּו וְנָשָׂ֫אנוּ
אֶת־זְבָחֵ֫ינוּ וּזְבַחְנוּם עַל־הַמִּזְבֵּחַ׃

3) אָכוֹל תֹּאכְלוּ בָּשָׂר וְלֹא תֹאכְלוּ אֶת־הַדָּם כִּי נֶ֫פֶשׁ כָּל־בָּשָׂר דָּמוֹ׃

4) וַיְהִי בְּבוֹא אֹיְבֵ֫ינוּ מֵעִירָם הַמִּדְבָּ֫רָה וַיַּעַמְדוּ לְפָנֵ֫ינוּ כְּחַ֫יִל גָּדוֹל וַיֵּט יהוה
אֶת־יָדוֹ וַיַּהַרְגֵם׃

5) לֹא־תִשְׂנָא אֶת־אָחִ֫יךָ בִּלְבָבְךָ וְאָהַבְתָּ֫ לְרֵעֲךָ כָּמ֫וֹךָ׃

6) רָאוּ כָּל־בָּשָׂר אֶת־כְּבוֹד־יהוה׃

Supplementary Exercises

Parse these verbs with pronominal suffixes

	Conjugation	Aspect	P / N / G	Suffix P / N / G	Root	Translation
1) תֹּאכֲלֶנָּה						
2) אֲהַבְתָּנִי						
3) יֶאֱהָבַנִי						
4) אֲהֵבוּם						
5) יֹאכֲלֶנּוּ						
6) תֹּאכַלְכֶם						
7) אֲכָלוּם						
8) וַתְּבוֹאֵהוּ						
9) קְרָאַנִי						
10) עֲשִׂיתִם						
11) עֲבַדְתַּנִי						
12) תְּנֵהוּ						
13) נַהַרְגֵהוּ						

	Conjugation	Aspect	P / N / G	Suffix P / N / G	Root	Translation
14) יוֹלַדְתֶּ֫ךְ						
15) יְלִדְתִּ֫יךָ						
16) יְלָדַ֫תְנִי						
17) מֹצְאֵיהֶם						
18) תִּמְצָאֵךְ						
19) יִמְצָאֻנְנִי						
20) יַעַבְדֵ֫נִי						

Translate

Exodus 1

1 וְאֵ֗לֶּה שְׁמוֹת֙ בְּנֵ֣י יִשְׂרָאֵ֔ל הַבָּאִ֖ים מִצְרָ֑יְמָה אֵ֣ת יַעֲקֹ֔ב אִ֥ישׁ וּבֵית֖וֹ בָּֽאוּ׃
2 רְאוּבֵ֣ן שִׁמְע֔וֹן לֵוִ֖י וִיהוּדָֽה׃ 3 יִשָּׂשכָ֥ר זְבוּלֻ֖ן וּבִנְיָמִֽן׃ 4 דָּ֥ן וְנַפְתָּלִ֖י גָּ֥ד וְאָשֵֽׁר׃
5 וַיְהִ֗י כָּל־נֶ֛פֶשׁ יֹצְאֵ֥י יֶֽרֶךְ־יַעֲקֹ֖ב שִׁבְעִ֣ים נָ֑פֶשׁ וְיוֹסֵ֖ף הָיָ֥ה בְמִצְרָֽיִם׃ 6 וַיָּ֤מָת
יוֹסֵף֙ וְכָל־אֶחָ֔יו וְכֹ֖ל הַדּ֥וֹר הַהֽוּא׃

Vocabulary

5 יָרֵךְ—thigh, loins (n)

שִׁבְעִים—seventy (adj)

6 דּוֹר—generation (n)

1 Kings 1

9 וַיִּזְבַּ֣ח אֲדֹנִיָּ֗הוּ צֹ֤אן וּבָקָר֙ וּמְרִ֔יא עִ֚ם אֶ֣בֶן הַזֹּחֶ֔לֶת אֲשֶׁר־אֵ֖צֶל עֵ֣ין רֹגֵ֑ל
וַ֠יִּקְרָא אֶת־כָּל־אֶחָיו֙ בְּנֵ֣י הַמֶּ֔לֶךְ וּֽלְכָל־אַנְשֵׁ֥י יְהוּדָ֖ה עַבְדֵ֥י הַמֶּֽלֶךְ׃
10 וְֽאֶת־נָתָ֨ן הַנָּבִ֜יא וּבְנָיָ֗הוּ וְאֶת־הַגִּבּוֹרִ֛ים וְאֶת־שְׁלֹמֹ֥ה אָחִ֖יו לֹ֥א קָרָֽא׃
11 וַיֹּ֣אמֶר נָתָ֗ן אֶל־בַּת־שֶׁ֤בַע אֵם־שְׁלֹמֹה֙ לֵאמֹ֔ר הֲל֣וֹא שָׁמַ֔עַתְּ כִּ֥י מָלַ֖ךְ אֲדֹנִיָּ֣הוּ
בֶן־חַגִּ֑ית וַאֲדֹנֵ֥ינוּ דָוִ֖ד לֹ֥א יָדָֽע׃ 12 וְעַתָּ֕ה לְכִ֛י אִיעָצֵ֥ךְ נָ֖א עֵצָ֑ה וּמַלְּטִי֙
אֶת־נַפְשֵׁ֔ךְ וְאֶת־נֶ֥פֶשׁ בְּנֵ֖ךְ שְׁלֹמֹֽה׃

Vocabulary

9 מְרִיא—fattened calf (n)
אֶ֫בֶן—stone (n)
אֵצֶל—beside, near (prep)
10 גִּבּוֹר—mighty man, warrior (n)
11 מלך—reign, be king (v)

12 יעץ—advise (v)
עֵצָה—advice, counsel, plan (n)
מלט—deliver, save (v) [מַלְּטִי] = Piel imperative 2fs; see chapter 17

Genesis 3

1 וְהַנָּחָשׁ הָיָה עָרוּם מִכֹּל חַיַּת הַשָּׂדֶה אֲשֶׁר עָשָׂה יְהוָה אֱלֹהִים וַיֹּאמֶר
אֶל־הָאִשָּׁה אַף כִּי־אָמַר אֱלֹהִים לֹא תֹאכְלוּ מִכֹּל עֵץ הַגָּן׃ 2 וַתֹּאמֶר הָאִשָּׁה
אֶל־הַנָּחָשׁ מִפְּרִי עֵץ־הַגָּן נֹאכֵל׃ 3 וּמִפְּרִי הָעֵץ אֲשֶׁר בְּתוֹךְ־הַגָּן אָמַר
אֱלֹהִים לֹא תֹאכְלוּ מִמֶּנּוּ וְלֹא תִגְּעוּ בּוֹ פֶּן־תְּמֻתוּן׃ 4 וַיֹּאמֶר הַנָּחָשׁ
אֶל־הָאִשָּׁה לֹא־מוֹת תְּמֻתוּן׃

Vocabulary

1 נָחָשׁ—serpent (n)

עָרוּם—crafty (adj)

חַיָּה—living thing, beast (n)

אַף—also, surely (conj)

גַּן—garden (n)

2 פְּרִי—fruit (n)

3 נגע—touch (v)

תְּמֻתוּן = תְּמֻתוּ + energic nun
[see textbook, pages 150–51]

EXERCISES, CHAPTER 17

DRILL

A. Write out the regular verb (קטל) in the entire Piel conjugation.

Perfect

3ms			3cp
3fs			
2ms			2mp
2fs			2fp
1cs			1cp

Imperfect

3ms			3mp
3fs			3fp
2ms			2mp
2fs			2fp
1cs			1cp

Infinitive

abs			cons

Participle

ms			mp
fs			fp

Jussive

ms			mp
fs			fp

Imperative

ms			mp
fs			fp

Cohortative

cs			cp

Parse	Conjugation	Aspect	P / N / G	Root	Translation
1) קִטְּלוּ					xxxxxxxxxxxxxx
2) יְקַטְּלוּ (2 forms)					xxxxxxxxxxxxxx
3) תְּקַטְּלוּ					xxxxxxxxxxxxxx
4) קַטְּלוּ					xxxxxxxxxxxxxx
5) קָֽטְלוּ					xxxxxxxxxxxxxx
6) קִטְּלוּ					xxxxxxxxxxxxxx
7) קִטֵּל					xxxxxxxxxxxxxx
8) קִטַּ֫לְתִּי					xxxxxxxxxxxxxx
9) קָטַ֫לְתִּי					xxxxxxxxxxxxxx
10) קִטַּ֫לְנוּ					xxxxxxxxxxxxxx
11) אֲקַטֵּל					xxxxxxxxxxxxxx
12) מְקַטֵּל					xxxxxxxxxxxxxx
13) בֵּרְכָה					

14) יְבָרֵךְ (2 forms)

15) בִּעֲרָה

16) בָּעֲרָה

17) וַיְדַבֵּר

18) סִפַּרְתֶּם

19) סְפַּרְתֶּם

20) סֹפֵר

21) חִלַּלְתָּ

22) הַלְלוּ

23) כָּבֵד

24) כִּבֵּד

25) מְקַלְלִים

26) צִוִּיתִי

27) יְצַוֶּה (2 forms)

28) יְצַוּוּ (2 forms)					
29) וַיְצַו					
30) מְצַוָּה					

Translation of Sentences

1) אֵ֫לֶּה הַדְּבָרִים אֲשֶׁר אֲנִי מְצַוֶּה אֹתְךָ:

2) בַּקְּשׁ֫וּנִי וְתִחְיוּ:

3) אֵין מִסְפָּר לְבִרְכוֹת־יהוה:

4) שָׁמוֹר תִּשְׁמְרוּ אֶת־מִצְוֹת־יהוה:

5) הִלַּ֫לְנוּ אֶת־יהוה וְגַם אַתָּה תְּסַפֵּר חֹ֫דֶשׁ בְּחֹ֫דֶשׁ אֶת־כָּל־אֲשֶׁר עָשָׂה:

6) אַל־יְחַלְּלוּ הָרָעִים אֶת־מְקוֹם־קָדְשְׁךָ׃ וַאֲנַ֫חְנוּ נְבָרְכָה אֶת־שִׁמְךָ׃

7) אֲבָרֵךְ מְבָרְכֶ֫יךָ וּמְקַלְלֶ֫יךָ אֲקַלֵּל׃

8) וַיְדַבֵּר יהוה אֶל־כָּל־יִשְׂרָאֵל לֵאמֹר כַּבֵּד אֶת־אָבִ֫יךָ וְאֶת־אִמֶּךָ׃ וִיבָרֵךְ אֹתְךָ
יהוה אֱלֹהֶ֫יךָ עַל־הָאֲדָמָה אֲשֶׁר הוּא נֹתֵן לְךָ׃

Supplementary Exercises

Conjugate the verb ברך in the Piel (D) stem.

Check your answers against Appendix IV-B (pages 244–45).

Perfect

3ms			3cp
3fs			
2ms			2mp
2fs			2fp
1cs			1cp

Imperfect

3ms			3mp
3fs			3fp
2ms			2mp
2fs			2fp
1cs			1cp

Infinitive

abs			cons

Participle

ms			mp
fs			fp

Jussive

ms			mp
fs			fp

Imperative

ms			mp
fs			fp

Cohortative

cs			cp

Conjugate the verb צוה in the Piel (D) stem.
Check your answers against Appendix IV-H (pages 256–57).

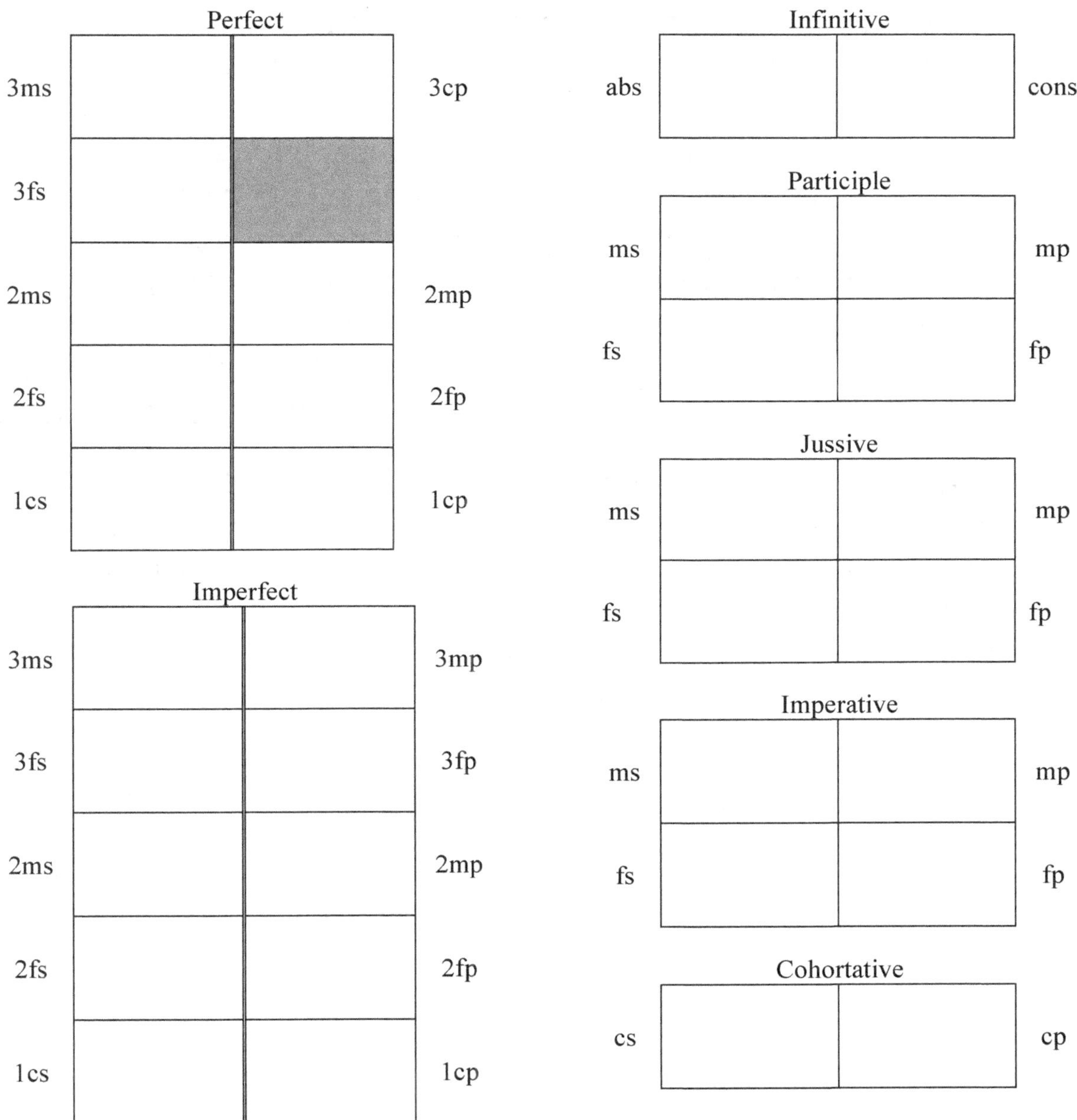

Perfect

3ms			3cp
3fs		—	
2ms			2mp
2fs			2fp
1cs			1cp

Imperfect

3ms			3mp
3fs			3fp
2ms			2mp
2fs			2fp
1cs			1cp

Infinitive

abs			cons

Participle

ms			mp
fs			fp

Jussive

ms			mp
fs			fp

Imperative

ms			mp
fs			fp

Cohortative

cs			cp

Translate

2 Samuel 18

1 וַיִּפְקֹ֣ד דָּוִ֔ד אֶת־הָעָ֖ם אֲשֶׁ֣ר אִתּ֑וֹ וַיָּ֣שֶׂם עֲלֵיהֶ֗ם שָׂרֵ֤י אֲלָפִים֙ וְשָׂרֵ֣י
מֵא֔וֹת׃ 2 וַיְשַׁלַּ֨ח דָּוִ֜ד אֶת־הָעָ֗ם הַשְּׁלִשִׁ֣ית בְּיַד־יוֹאָב֒ וְהַשְּׁלִשִׁ֡ית בְּיַד֩ אֲבִישַׁ֨י
בֶּן־צְרוּיָ֜ה אֲחִ֣י יוֹאָ֗ב וְהַשְּׁלִשִׁ֛ת בְּיַ֥ד אִתַּ֖י הַגִּתִּ֑י ס וַיֹּ֤אמֶר הַמֶּ֙לֶךְ֙ אֶל־הָעָ֔ם
יָצֹ֥א אֵצֵ֛א גַּם־אֲנִ֖י עִמָּכֶֽם׃ 3 וַיֹּ֣אמֶר הָעָ֗ם לֹ֣א תֵצֵא֒ כִּ֣י אִם־נֹ֣ס נָנ֗וּס
לֹא־יָשִׂ֤ימוּ אֵלֵ֙ינוּ֙ לֵ֔ב וְאִם־יָמֻ֤תוּ חֶצְיֵ֙נוּ֙ לֹא־יָשִׂ֣ימוּ אֵלֵ֣ינוּ לֵ֔ב כִּֽי־עַתָּ֥ה כָמֹ֖נוּ
עֲשָׂרָ֣ה אֲלָפִ֑ים וְעַתָּ֣ה ט֔וֹב כִּֽי־תִֽהְיֶה־לָּ֥נוּ מֵעִ֖יר לַעְזֽוֹר׃ ס 4 וַיֹּ֨אמֶר
אֲלֵיהֶ֜ם הַמֶּ֗לֶךְ אֲשֶׁר־יִיטַ֥ב בְּעֵינֵיכֶ֖ם אֶעֱשֶׂ֑ה וַיַּעֲמֹ֤ד הַמֶּ֙לֶךְ֙ אֶל־יַ֣ד הַשַּׁ֔עַר
וְכָל־הָעָם֙ יָֽצְא֔וּ לְמֵא֖וֹת וְלַאֲלָפִֽים׃ 5 וַיְצַ֣ו הַמֶּ֡לֶךְ אֶת־יוֹאָ֨ב וְאֶת־אֲבִישַׁ֜י
וְאֶת־אִתַּ֗י לֵאמֹ֔ר לְאַט־לִ֖י לַנַּ֣עַר לְאַבְשָׁל֑וֹם וְכָל־הָעָ֣ם שָׁמְע֗וּ בְּצַוֺּ֧ת הַמֶּ֛לֶךְ
אֶת־כָּל־הַשָּׂרִ֖ים עַל־דְּבַ֥ר אַבְשָׁלֽוֹם׃ 6 וַיֵּצֵ֥א הָעָ֛ם הַשָּׂדֶ֖ה לִקְרַ֣את יִשְׂרָאֵ֑ל
וַתְּהִ֣י הַמִּלְחָמָ֔ה בְּיַ֖עַר אֶפְרָֽיִם׃

Vocabulary

1 פקד—muster troops (v)
שַׂר—commander (n)
אֶלֶף—thousand (adj)
מֵאָה—hundred (adj)

2 שְׁלִישִׁי—one-third (adj)
גִּתִּי—Gittite

3 נוס—flee (v)
חֲצִי—half (adj)
עזר—help (v)

4 יטב—be good (v)

5 אַט—gentleness (n); with ל = gently

5 שַׂר—commander (n)

6 קרא—I. Call; II. Encounter, meet (v)
מִלְחָמָה—battle, war (n)
יַעַר—forest, woods

Psalm 149

1 הַלְלוּ יָהּ ׀
שִׁירוּ לַיהוָה שִׁיר חָדָשׁ   תְּהִלָּתוֹ בִּקְהַל חֲסִידִים׃
2 יִשְׂמַח יִשְׂרָאֵל בְּעֹשָׂיו   בְּנֵי־צִיּוֹן יָגִילוּ בְמַלְכָּם׃
3 יְהַלְלוּ שְׁמוֹ בְמָחוֹל   בְּתֹף וְכִנּוֹר יְזַמְּרוּ־לוֹ׃
4 כִּי־רוֹצֶה יְהוָה בְּעַמּוֹ   יְפָאֵר עֲנָוִים בִּישׁוּעָה׃
5 יַעְלְזוּ חֲסִידִים בְּכָבוֹד   יְרַנְּנוּ עַל־מִשְׁכְּבוֹתָם׃
6 רוֹמְמוֹת אֵל בִּגְרוֹנָם   וְחֶרֶב פִּיפִיּוֹת בְּיָדָם׃

Vocabulary

1 שִׁיר—sing (v)
שִׁיר—song (n)
תְּהִלָּה—praise (n)
קָהָל—assembly, congregation (n)
חָסִיד—pious, godly (adj)

2 גיל—rejoice (v)

3 מָחוֹל—dance (n)
תֹּף—tambourine (n)
כִּנּוֹר—lyre (n)
זמר—sing, make music (v)

4 רצה—be pleased with, be favorable to (v)
פאר—beautify, glorify (v)
עָנָו—poor, meek, oppressed (n)
יְשׁוּעָה—salvation, victory (n)

5 עלז—exult, triumph (v)
רנן—shout, sing (v)
מִשְׁכָּב—couch, bed (n)

6 רוֹמָם—praise (n)
גָּרוֹן—throat (n)
פִּיפִיּוֹת—edges (n)

EXERCISES, CHAPTER 18

DRILL

A. Write out the regular verb (קטל) in the entire Hiphil conjugation.

Perfect

3ms			3cp
3fs			
2ms			2mp
2fs			2fp
1cs			1cp

Imperfect

3ms			3mp
3fs			3fp
2ms			2mp
2fs			2fp
1cs			1cp

Infinitive

abs			cons

Participle

ms			mp
fs			fp

Jussive

ms			mp
fs			fp

Imperative

ms			mp
fs			fp

Cohortative

cs			cp

B. Parse	Conjugation	Aspect	P / N / G	Root	Translation
1) הִקְטִיל					
2) הִקְטִ֫ילָה					
3) הִקְטַ֫לְתִּי					
4) יַקְטִיל					
5) נַקְטִיל					
6) הַקְטֵל (2 forms)					
7) הַקְטִיל					
8) מַקְטִילָה					
9) הִקְטִ֫ילוּ					
10) הַקְטִ֫ילוּ					
11) קָֽטְלוּ					
12) קַטְּלוּ					
13) קִטְּלוּ					

	Conjugation	Aspect	P / N / G	Root	Translation
14) יְקַטֵּל					
15) אַקְטִיל					
16) יִקְטְלוּ					
17) יַקְטֵל					
18) וַיַּקְטֵל					
19) הֶאֱבִיד					
20) הַאֲבִיד					
21) הַאֲבֵד (2 forms)					
22) אֹבֵד					
23) מַאֲבִיד					
24) הִצַּ֫לְתָּ					
25) וַיַּ֫גֵּד					
26) הוֹשַׁ֫בְנוּ					
27) יוֹצִיאוּ (2 forms)					

	Conjugation	Aspect	P / N / G	Root	Translation
28) יָלַדְתְּ					
29) הוֹלִיד (2 forms)					
30) הִשְׁלִיחַ					
31) הַשְׁלַח					
32) הוֹשַׁע					
33) מוֹלִיךְ					
34) קַ֫מְתִּי					
35) הֲקַ֫מְתִּי					
36) הֲקִימ֫וֹתִי					
37) יָשׁוּב					
38) יָשִׁיב					
39) וַיָּ֫שֶׁב					
40) וַיָּ֫שָׁב					
41) רָמָה					

	Conjugation	Aspect	P / N / G	Root	Translation
42) מִרְמָה					
43) הִבְּנָה					
44) הִבְּנִ֫ינוּ					
45) הֶעֱלוּ					
46) הַעֲלוּ					
47) עָלוּ					
48) הִכּוּ					
49) יַכּוּ					
50) מַעֲשֶׂה					

Translation of Sentences

1) הֶעֱבִירָ֫נוּ יהוה אֶת־הַנָּהָר וַנָּבוֹא אֶל־הָאָ֫רֶץ׃

2) הִשְׁלִיחַ הַמֶּ֫לֶךְ הָרַע אֶת־עַבְדּוֹ אֶת־הַמַּלְאָךְ לַכֹּהֵן׃

3) הֲשִׁיבֹ֫תִי אֶת־הַמַּלְאָךְ לַמֶּ֫לֶךְ לְהַגִּיד לוֹ אֶת־דְּבָרַי׃

4) הוֹשַׁע אֹתָ֫נוּ מִיַּד־אֹיְבֵ֫ינוּ פֶּן יָבוֹאוּ וְאֵין מַצִּיל וְנֹאבַד׃

5) הֶאֱמִ֫ינוּ בְּנֵי־יִשְׂרָאֵל וַיָּבִינוּ כִּי טוֹב יהוה וַיַּעֲלוּ אֶת־עֹלוֹתֵיהֶם׃

6) נְהַלְלָה אֶת־שֵׁם־יהוה וְגַם נְסַפְּרָה אֶת־כָּל־אֲשֶׁר עָשָׂה׃

7) וַיְהִי בְּהוֹצִיא־יהוה אֶת־עַמּוֹ מֵאֶ֫רֶץ־מִצְרַ֫יִם וַיּ֫וֹלֶךְ אֹתָם יָ֫מָּה וַיַּעֲבִרֵם
אֶת־הַיָּם וַיְבִיאֵם מִדְבָּ֫רָה וַיָּבֹ֫אוּ אֶל־הָהָר׃

Supplementary Exercises

Conjugate the verb נגד in the Hiphil (H) stem.
Check your answers against Appendix IV-E (pages 250–51).

Perfect

3ms			3cp
3fs			
2ms			2mp
2fs			2fp
1cs			1cp

Imperfect

3ms			3mp
3fs			3fp
2ms			2mp
2fs			2fp
1cs			1cp

Infinitive

abs			cons

Participle

ms			mp
fs			fp

Jussive

ms			mp
fs			fp

Imperative

ms			mp
fs			fp

Cohortative

cs			cp

Conjugate the verb ישׁע in the Hiphil (H) stem.
Check your answers against Appendix IV-F (pages 252–53).

Perfect

3ms			3cp
3fs			
2ms			2mp
2fs			2fp
1cs			1cp

Imperfect

3ms			3mp
3fs			3fp
2ms			2mp
2fs			2fp
1cs			1cp

Infinitive

abs			cons

Participle

ms			mp
fs			fp

Jussive

ms			mp
fs			fp

Imperative

ms			mp
fs			fp

Cohortative

cs			cp

Conjugate the verb בוא in the Hiphil (H) stem.
Check your answers against Appendix IV-G (pages 253–54).

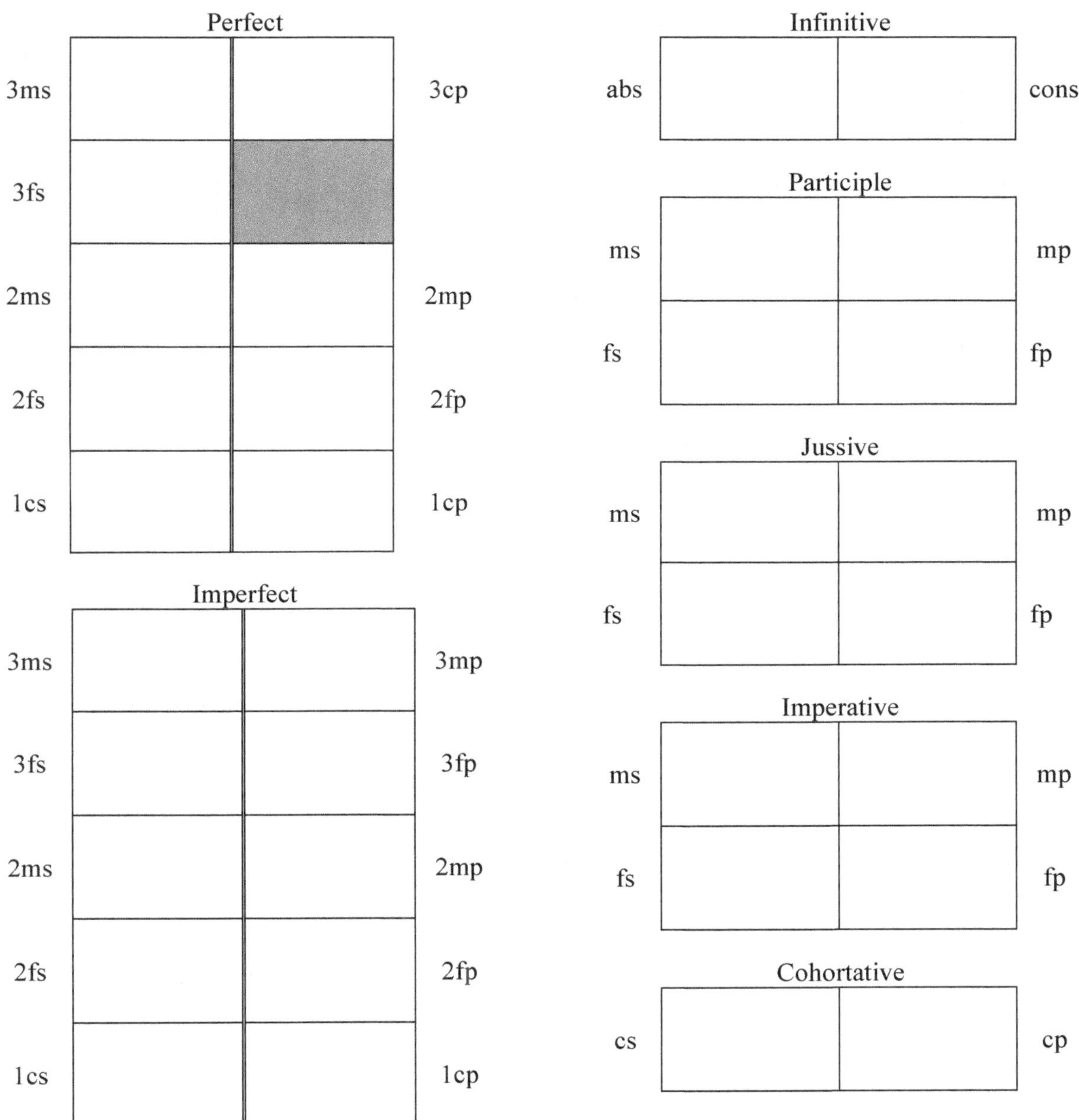

Perfect

3ms			3cp
3fs			
2ms			2mp
2fs			2fp
1cs			1cp

Imperfect

3ms			3mp
3fs			3fp
2ms			2mp
2fs			2fp
1cs			1cp

Infinitive

abs			cons

Participle

ms			mp
fs			fp

Jussive

ms			mp
fs			fp

Imperative

ms			mp
fs			fp

Cohortative

cs			cp

Conjugate the verb נטה in the Hiphil (H) stem.
Check your answers against Appendix IV-E (pages 250–51) and Appendix IV-H (pages 256–57).

Perfect

3ms			3cp
3fs			
2ms			2mp
2fs			2fp
1cs			1cp

Infinitive

abs			cons

Participle

ms			mp
fs			fp

Jussive

ms			mp
fs			fp

Imperfect

3ms			3mp
3fs			3fp
2ms			2mp
2fs			2fp
1cs			1cp

Imperative

ms			mp
fs			fp

Cohortative

cs			cp

Translate

Psalm 57

1 לַמְנַצֵּחַ אַל־תַּשְׁחֵת לְדָוִד מִכְתָּם
בְּבָרְחוֹ מִפְּנֵי־שָׁאוּל בַּמְּעָרָה׃
2 חָנֵּנִי אֱלֹהִים ׀ חָנֵּנִי כִּי בְךָ חָסָיָה
נַפְשִׁי וּבְצֵל־כְּנָפֶיךָ אֶחְסֶה עַד יַעֲבֹר הַוּוֹת׃
3 אֶקְרָא לֵאלֹהִים עֶלְיוֹן לָאֵל גֹּמֵר עָלָי׃
4 יִשְׁלַח מִשָּׁמַיִם ׀ וְיוֹשִׁיעֵנִי חֵרֵף שֹׁאֲפִי סֶלָה
יִשְׁלַח אֱלֹהִים חַסְדּוֹ וַאֲמִתּוֹ׃

Vocabulary

1 מְנַצֵּחַ—choir director (n)
שׁחת—destroy (v)
מִכְתָּם—Miktam, inscription(n)
ברח—flee (v)
מְעָרָה—cave (n)

2 חנן—be gracious (v)
חסה—seek refuge (v)
צֵל—shadow (n)
כָּנָף—wing (n)
הַוָּה—ruin, destruction (n)

3 עֶלְיוֹן—most high (adj)
גמר—complete, finish (v)

4 הרף—reproach
שׁאף—trample (v)
אֱמֶת—truth (n)

1 Kings 19

1 וַיַּגֵּד אַחְאָב֙ לְאִיזֶבֶל אֵת כָּל־אֲשֶׁר עָשָׂה אֵלִיָּהוּ וְאֵת כָּל־אֲשֶׁר הָרַג
אֶת־כָּל־הַנְּבִיאִים בֶּחָרֶב׃ 2 וַתִּשְׁלַח אִיזֶבֶל֙ מַלְאָךְ אֶל־אֵלִיָּהוּ לֵאמֹר
כֹּה־יַעֲשׂוּן אֱלֹהִים֙ וְכֹה יוֹסִפוּן כִּי־כָעֵת מָחָר אָשִׂים אֶת־נַפְשְׁךָ כְּנֶפֶשׁ אַחַד
מֵהֶם׃ 3 וַיַּרְא וַיָּקָם֙ וַיֵּלֶךְ אֶל־נַפְשׁוֹ וַיָּבֹא בְּאֵר שֶׁבַע אֲשֶׁר לִיהוּדָה וַיַּנַּח
אֶת־נַעֲרוֹ שָׁם׃ 4 וְהוּא־הָלַךְ בַּמִּדְבָּר֙ דֶּרֶךְ יוֹם וַיָּבֹא וַיֵּשֶׁב תַּחַת רֹתֶם
אֶחָד וַיִּשְׁאַל אֶת־נַפְשׁוֹ֙ לָמוּת וַיֹּאמֶר ׀ רַב עַתָּה יְהוָה֙ קַח נַפְשִׁי
כִּי־לֹא־טוֹב אָנֹכִי מֵאֲבֹתָי׃ 5 וַיִּשְׁכַּב֙ וַיִּישַׁן תַּחַת רֹתֶם אֶחָד וְהִנֵּה־זֶה מַלְאָךְ֙
נֹגֵעַ בּוֹ וַיֹּאמֶר לוֹ קוּם אֱכוֹל׃ 6 וַיַּבֵּט וְהִנֵּה מְרַאֲשֹׁתָיו עֻגַת רְצָפִים וְצַפַּחַת
מָיִם וַיֹּאכַל וַיֵּשְׁתְּ וַיָּשָׁב וַיִּשְׁכָּב׃ 7 וַיָּשָׁב מַלְאַךְ יְהוָה ׀ שֵׁנִית֙ וַיִּגַּע־בּוֹ וַיֹּאמֶר
קוּם אֱכֹל כִּי רַב מִמְּךָ הַדָּרֶךְ׃ 8 וַיָּקָם וַיֹּאכַל וַיִּשְׁתֶּה וַיֵּלֶךְ בְּכֹחַ ׀ הָאֲכִילָה
הַהִיא אַרְבָּעִים יוֹם֙ וְאַרְבָּעִים לַיְלָה עַד הַר הָאֱלֹהִים חֹרֵב׃ 9 וַיָּבֹא־שָׁם
אֶל־הַמְּעָרָה וַיָּלֶן שָׁם וְהִנֵּה דְבַר־יְהוָה֙ אֵלָיו וַיֹּאמֶר לוֹ מַה־לְּךָ פֹה אֵלִיָּהוּ׃

Vocabulary

2 יסף—add (v)
מָחָר—tomorrow (adv)

3 נוח—rest (v)

4 רֹתֶם—broom plant, *retama raetam* (n)
שׁאל—ask (v)

5 ישׁן—sleep (v)
נגע—touch (v)

6 נבט—look, regard (v)
מְרַאֲשׁוֹת—a place near one's head (n)
עֻגָה—disk of bread (n)
רֶצֶף—glowing stone, coal (n)
צַפַּחַת—jar, jug (n)

7 שֵׁנִי—second (adj)
נגע—touch (v)

8 כֹּחַ—power (n)
אֲכִילָה—meal (n)
אַרְבָּעִים—forty (adj)

9 מְעָרָה—cave (n)
לין—lodge, spend the night (v)

EXERCISES, CHAPTER 19

DRILL

A. Write out the regular verb (קטל) in the entire Niphal conjugation.

Perfect

3ms			3cp
3fs			
2ms			2mp
2fs			2fp
1cs			1cp

Imperfect

3ms			3mp
3fs			3fp
2ms			2mp
2fs			2fp
1cs			1cp

Infinitive

abs			cons

Participle

ms			mp
fs			fp

Jussive

ms			mp
fs			fp

Imperative

ms			mp
fs			fp

Cohortative

cs			cp

B. Parse	Conjugation	Aspect	P / N / G	Root	Translation
1) נִקְטַל					
2) נִקְטְלוּ					
3) נִקְטַ֫לְתָּ					
4) יִקָּטֵל (2 forms)					
5) יִקָּטְלוּ (2 forms)					
6) נִקָּטֵל					
7) נִקְטֹל (2 forms)					
8) נִקְטְלָה (2 forms)					
9) נִקְטָל					
10) נִקְטָלָה					
11) הִקָּטֵל (2 forms)					
12) הִקָּטְלוּ					
13) הִקְטִ֫ילוּ					

	Conjugation	Aspect	P / N / G	Root	Translation
14) הַקְטִיל					
15) אַקְטִיל					
16) אֶקָּטֵל					
17) אֲקַטֵּל					
18) אֶקְטֹל					
19) נִקְטָלוֹת					
20) מְקַטְּלִים					
21) נֶאֱמַן					
22) הֶאֱמִין					
23) נַאֲמִין					
24) נֶאֱמְנוּ					
25) יֵאָמֵן (2 forms)					
26) אֵאָמֵן					

	Conjugation	Aspect	P / N / G	Root	Translation
27) נוֹלַד					
28) נוֹלָד					
29) הוֹלִיד (2 forms)					
30) נוֹלַ֫דְתָּ					
31) יִוָּלֵד (2 forms)					
32) יוֹלִיד					
33) נִוַּלֵד					
34) נֵלֵד					
35) נִבְנֶה (3 forms)					
36) נִבָּנֶה (2 forms)					
37) נִבְנָה (2 forms)					
38) נַבְנֶה (2 forms)					
39) יֵרָאֶה					
40) וַיֵּרָא					

Translation Drill

1) שָׁלַח הַמֶּ֫לֶךְ אֶת־הַמַּלְאָךְ

2) נִשְׁלַח הַמַּלְאָךְ

3) נִשְׁלְחוּ הַמַּלְאָכִים

4) יִשְׁלַח הַמֶּ֫לֶךְ אֶת־הַמַּלְאָךְ

5) יִשָּׁלַח הַמַּלְאָךְ

6) יִשָּׁלְחוּ הַמַּלְאָכִים

7) נִשְׁלָחִים הַמַּלְאָכִים

8) נִשְׁלַח אֶת־הַמַּלְאָכִים

9) נִשָּׁלַח

10) נִשְׁלַ֫חְנוּ

Translation of Sentences

1) נֶאֶסְפוּ הַנְּבִיאִים בְּמָקוֹם אֶחָד וַיִּגְּשׁוּ לִפְנֵי יהוה וַיִּנָּבְאוּ וַ֫יַּעַן יהוה לֵאמֹר
נִמְצֹא אֶמָּצֵא בְּקָרְאֲךָ אֵלַי׃

2) נִגְּשׁוּ מַלְכֵי הָאָ֫רֶץ וַיֹּאמְרוּ לֵאמֹר נִלָּחֲמָה עַל־עַם־יהוה וְנִלְכְּדָה אֶת־עָרֵיהֶם׃

3) וַיְהִי אַחַר הַמִּלְחָמָה הַגְּדוֹלָה וַיִּשָּׁאֵר שְׁאַר־הַקָּהָל וַיִּקְרְאוּ בְּקוֹל גָּדוֹל לֵאמֹר
נֶהֱרַג מַלְכֵּנוּ וַתִּלָּכַ֫דְנָה עָרֵ֫ינוּ וַנִּוָּתֵר כְּאֶ֫לֶף בְּיִשְׂרָאֵל וְאֵין מְנַחֵם׃ וַיְדַבֵּר
הַנָּבִיא לֵאמֹר נָכוֹן הַדָּבָר אֲשֶׁר נִשְׁבַּע יהוה אֱלֹהֵ֫ינוּ אֶל־אֲבוֹתֵ֫ינוּ לִהְיוֹת עִמָּנוּ
וּלְהֵרָאוֹת אֵלֵינוּ בַּמָּקוֹם אֲשֶׁר בָּחוֹר בָּחַר לְהוֹשִׁיב אֶת־שְׁמוֹ שָׁם׃

Supplementary Exercises

Conjugate the verb אכל in the Niphal (N) stem.

Check your answers against Appendix IV-A (pages 242–43).

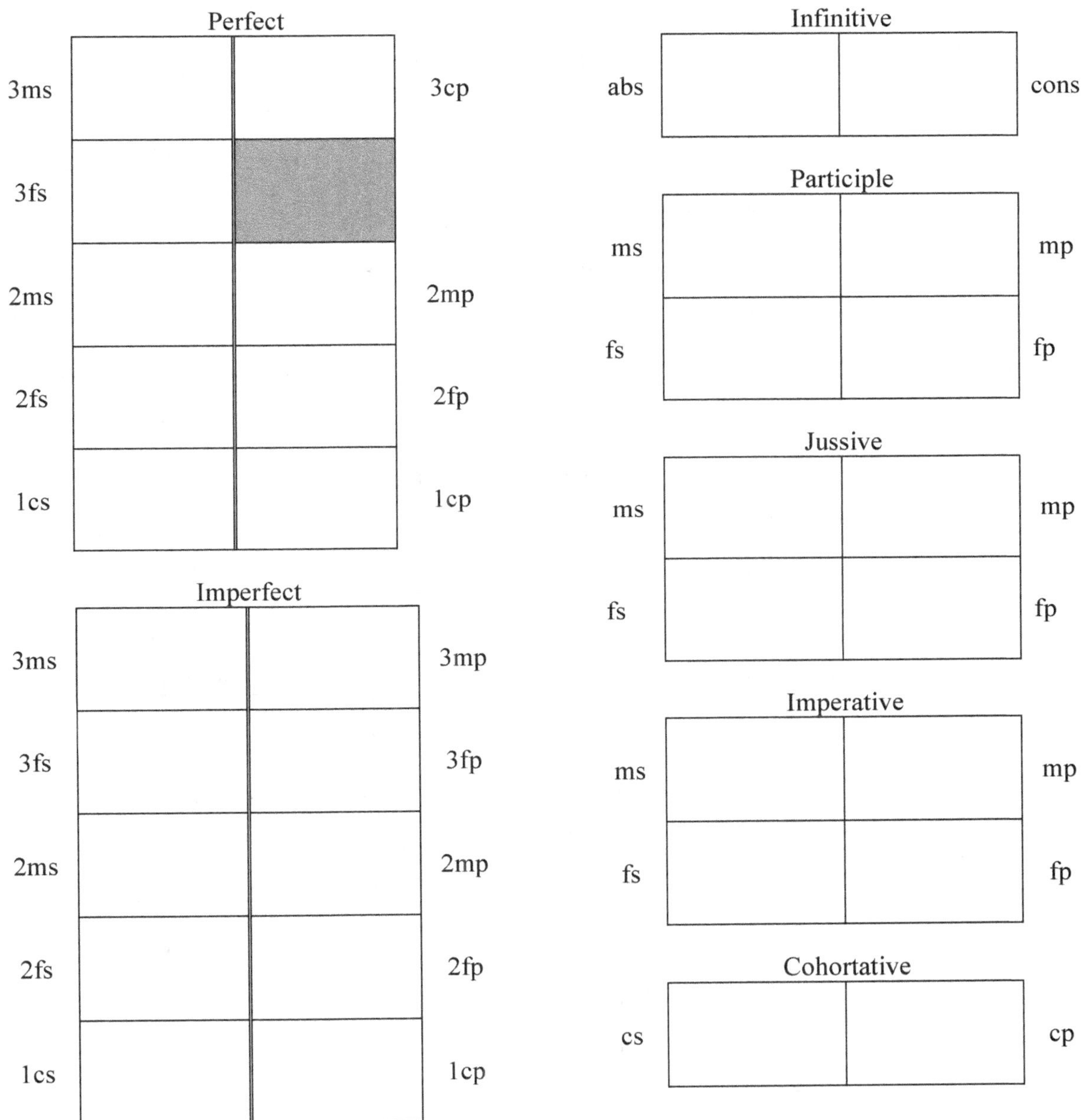

Conjugate the verb נחם in the Niphal (N) stem.
Check your answers against Appendix IV-E (pages 250–51).

Perfect

3ms			3cp
3fs			
2ms			2mp
2fs			2fp
1cs			1cp

Imperfect

3ms			3mp
3fs			3fp
2ms			2mp
2fs			2fp
1cs			1cp

Infinitive

abs			cons

Participle

ms			mp
fs			fp

Jussive

ms			mp
fs			fp

Imperative

ms			mp
fs			fp

Cohortative

cs			cp

Conjugate the verb כון in the Niphal (N) stem.

Perfect

3ms			3cp
3fs			
2ms			2mp
2fs			2fp
1cs			1cp

Imperfect

3ms			3mp
3fs			3fp
2ms			2mp
2fs			2fp
1cs			1cp

Infinitive

abs			cons

Participle

ms			mp
fs			fp

Jussive

ms			mp
fs			fp

Imperative

ms			mp
fs			fp

Cohortative

cs			cp

Conjugate the verb יתר in the Niphal (N) stem.
Check your answers against Appendix IV-F (pages 252–53).

Perfect

3ms			3cp
3fs			
2ms			2mp
2fs			2fp
1cs			1cp

Imperfect

3ms			3mp
3fs			3fp
2ms			2mp
2fs			2fp
1cs			1cp

Infinitive

abs			cons

Participle

ms			mp
fs			fp

Jussive

ms			mp
fs			fp

Imperative

ms			mp
fs			fp

Cohortative

cs			cp

Conjugate the verb שׁמר in the Niphal (N) stem.
Check your answers against Appendix III (pages 240–41).

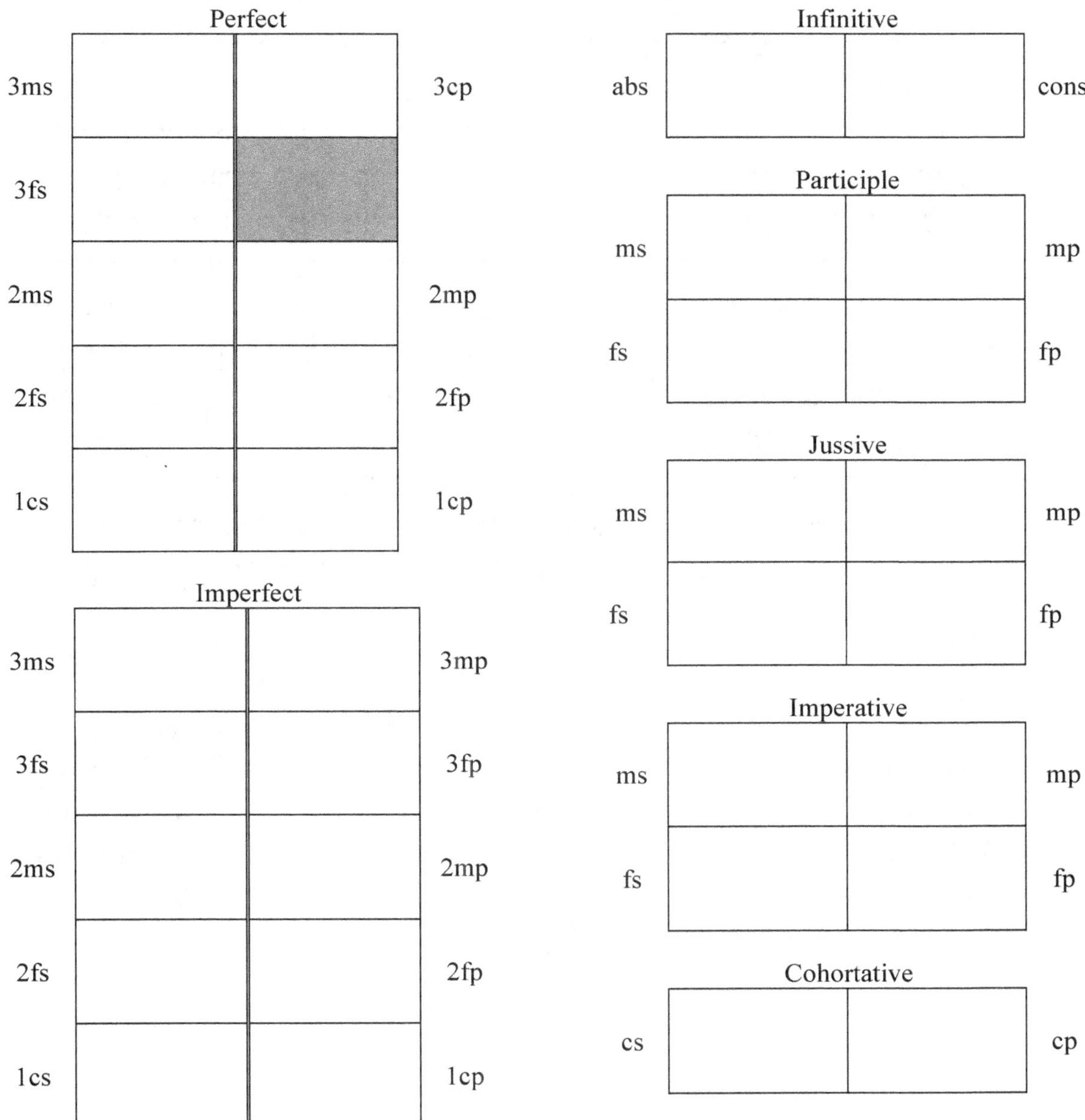

1 Kings 19

10 וַיֹּ֡אמֶר קַנֹּ֣א קִנֵּ֩אתִי֩ לַיהוָ֨ה ׀ אֱלֹהֵ֣י צְבָא֗וֹת כִּֽי־עָזְב֤וּ בְרִֽיתְךָ֙ בְּנֵ֣י
יִשְׂרָאֵ֔ל אֶת־מִזְבְּחֹתֶ֣יךָ הָרָ֔סוּ וְאֶת־נְבִיאֶ֖יךָ הָרְג֣וּ בֶחָ֑רֶב וָֽאִוָּתֵ֤ר אֲנִי֙ לְבַדִּ֔י
וַיְבַקְשׁ֥וּ אֶת־נַפְשִׁ֖י לְקַחְתָּֽהּ׃ 11 וַיֹּ֗אמֶר צֵ֣א וְעָמַדְתָּ֣ בָהָר֮ לִפְנֵ֣י יְהוָה֒ וְהִנֵּ֧ה
יְהוָ֣ה עֹבֵ֗ר וְר֣וּחַ גְּדוֹלָ֡ה וְחָזָ֞ק מְפָרֵק֩ הָרִ֨ים וּמְשַׁבֵּ֤ר סְלָעִים֙ לִפְנֵ֣י יְהוָ֔ה
לֹ֥א בָר֖וּחַ יְהוָ֑ה וְאַחַ֤ר הָר֙וּחַ֙ רַ֔עַשׁ לֹ֥א בָרַ֖עַשׁ יְהוָֽה׃ 12 וְאַחַ֤ר הָרַ֙עַשׁ֙ אֵ֔שׁ
לֹ֥א בָאֵ֖שׁ יְהוָ֑ה וְאַחַ֣ר הָאֵ֔שׁ ק֖וֹל דְּמָמָ֥ה דַקָּֽה׃ 13 וַיְהִ֣י ׀ כִּשְׁמֹ֣עַ אֵלִיָּ֗הוּ וַיָּ֤לֶט
פָּנָיו֙ בְּאַדַּרְתּ֔וֹ וַיֵּצֵ֕א וַיַּעֲמֹ֖ד פֶּ֣תַח הַמְּעָרָ֑ה וְהִנֵּ֤ה אֵלָיו֙ ק֔וֹל וַיֹּ֕אמֶר מַה־לְּךָ֥
פֹ֖ה אֵלִיָּֽהוּ׃ 14 וַיֹּ֡אמֶר קַנֹּ֣א קִנֵּ֩אתִי֩ לַיהוָ֨ה ׀ אֱלֹהֵ֣י צְבָא֗וֹת כִּֽי־עָזְב֤וּ בְרִֽיתְךָ֙
בְּנֵ֣י יִשְׂרָאֵ֔ל אֶת־מִזְבְּחֹתֶ֣יךָ הָרָ֔סוּ וְאֶת־נְבִיאֶ֖יךָ הָרְג֣וּ בֶחָ֑רֶב וָאִוָּתֵ֤ר אֲנִי֙
לְבַדִּ֔י וַיְבַקְשׁ֥וּ אֶת־נַפְשִׁ֖י לְקַחְתָּֽהּ׃ ס 15 וַיֹּ֤אמֶר יְהוָה֙ אֵלָ֔יו לֵ֛ךְ שׁ֥וּב לְדַרְכְּךָ֖
מִדְבַּ֣רָה דַמָּ֑שֶׂק וּבָ֗אתָ וּמָשַׁחְתָּ֧ אֶת־חֲזָאֵ֛ל לְמֶ֖לֶךְ עַל־אֲרָֽם׃ 16 וְאֵ֗ת יֵה֤וּא
בֶן־נִמְשִׁי֙ תִּמְשַׁ֣ח לְמֶ֣לֶךְ עַל־יִשְׂרָאֵ֔ל וְאֶת־אֱלִישָׁ֣ע בֶּן־שָׁפָט֙ מֵאָבֵ֣ל מְחוֹלָ֔ה
תִּמְשַׁ֥ח לְנָבִ֖יא תַּחְתֶּֽיךָ׃ 17 וְהָיָ֗ה הַנִּמְלָט֙ מֵחֶ֣רֶב חֲזָאֵ֔ל יָמִ֖ית יֵה֑וּא וְהַנִּמְלָ֛ט
מֵחֶ֥רֶב יֵה֖וּא יָמִ֥ית אֱלִישָֽׁע׃ 18 וְהִשְׁאַרְתִּ֥י בְיִשְׂרָאֵ֖ל שִׁבְעַ֣ת אֲלָפִ֑ים
כָּל־הַבִּרְכַּ֗יִם אֲשֶׁ֤ר לֹא־כָֽרְעוּ֙ לַבַּ֔עַל וְכָל־הַפֶּ֖ה אֲשֶׁ֥ר לֹֽא־נָשַׁ֖ק לֽוֹ׃

Vocabulary

10 קנא—be zealous (v)
צָבָא—army (n)
הרס—tear down, throw down (v)
לְבַד—alone (adv)

11 פרק—tear apart, tear away (v)
סֶ֫לַע—rock (n)
רַ֫עַשׁ—earthquake (n)

12 דְּמָמָה—whisper, silence (n)
דַּק—small, thin (adj)

13 לוט—wrap (v)
אַדֶּ֫רֶת—cloak, mantle (n)
פֶּ֫תַח—opening, doorway (n)
מְעָרָה—cave (n)

15 משׁח—anoint (v)

17 מלט—escape, be delivered (v)

18 שִׁבְעָה—seven (adj)
בֶּ֫רֶךְ—knee (n)
כרע—bend, bow (v)
נשׁק—kiss (v)

EXERCISES, CHAPTER 20

DRILL

A. Write out the regular verb (קטל) in the entire Pual and Hithpael conjugation.

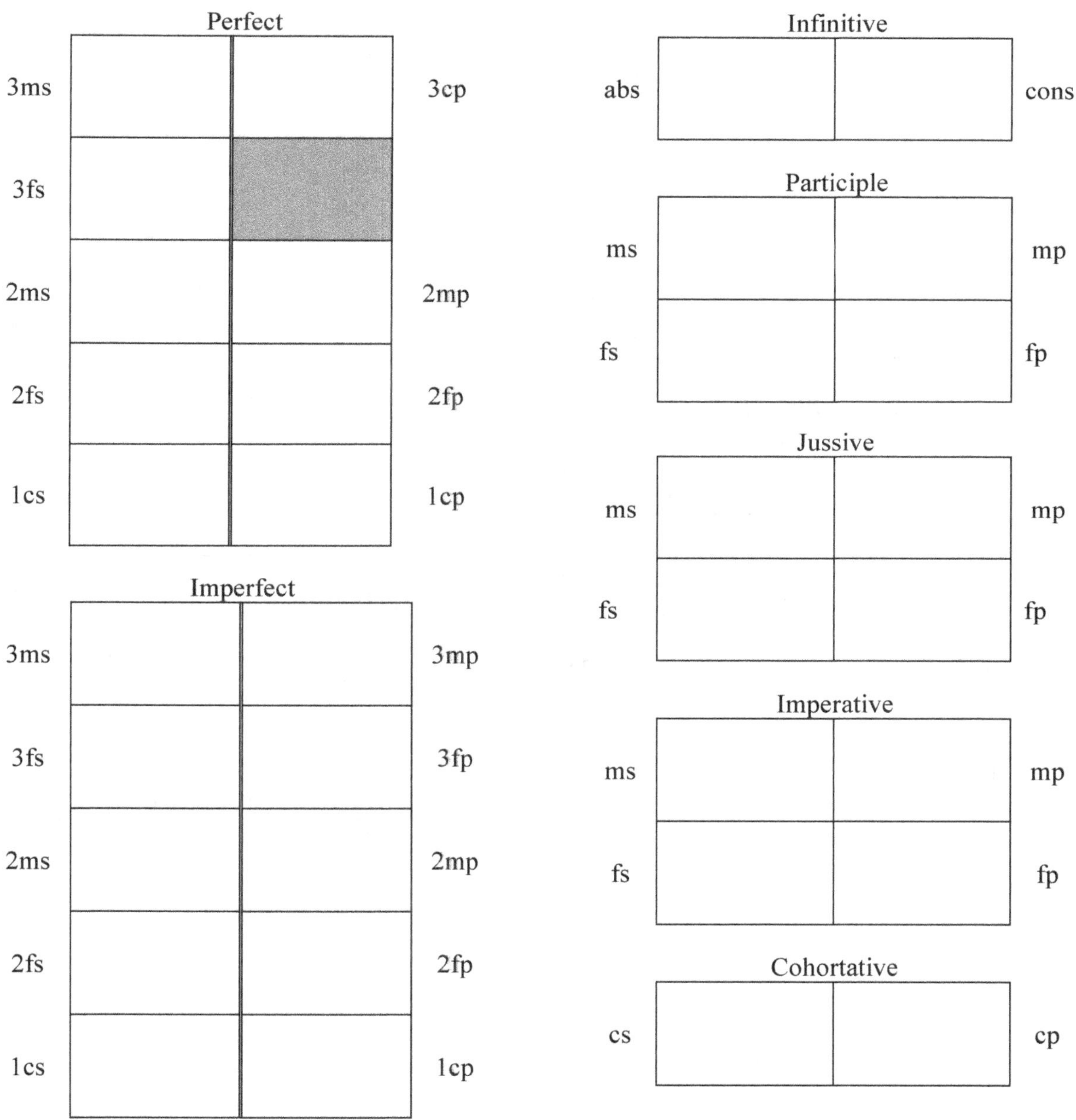

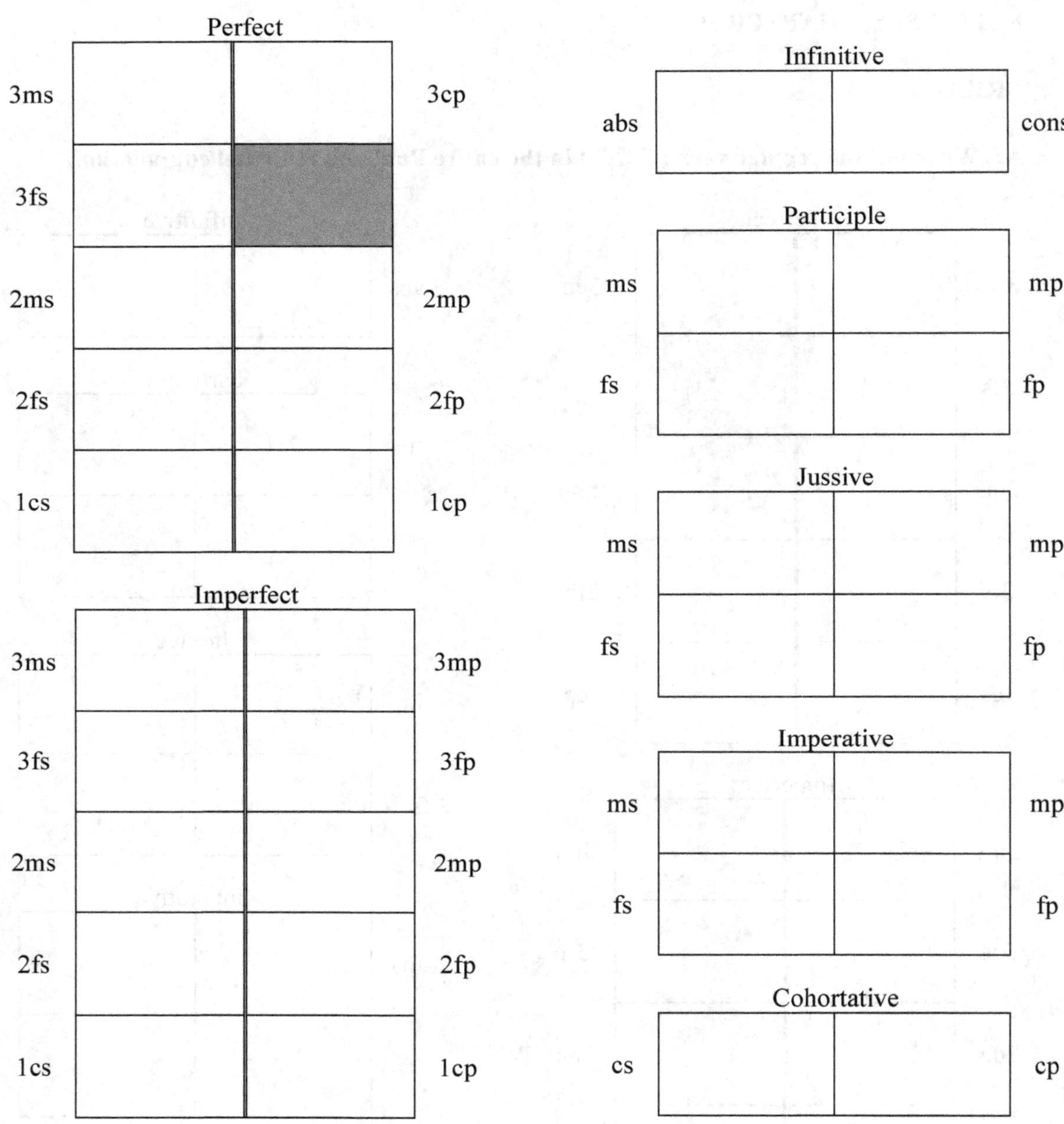
Perfect
3ms
3cp
3fs
2ms
2mp
2fs
2fp
1cs
1cp
Imperfect
3ms
3mp
3fs
3fp
2ms
2mp
2fs
2fp
1cs
1cp
Infinitive
abs
cons
Participle
ms
mp
fs
fp
Jussive
ms
mp
fs
fp
Imperative
ms
mp
fs
fp
Cohortative
cs
cp

B. Parse	Conjugation	Aspect	P / N / G	Root	Translation
1) קִטֵּל					
2) קֻטַּל					
3) קֻטְּלוּ					
4) קִטְּלוּ					
5) קִטְּלוּ					
6) קָֽטְלוּ					
7) יְקַטְּלוּ					
8) נְקֻטַּל					
9) נִתְקַטֵּל					
10) יִתְקַטֵּל					
11) הִתְקַטֵּל (4 forms)					
12) הִתְקַטְּלִי					
13) הִתְקַטְּלוּ (2 forms)					

	Conjugation	Aspect	P / N / G	Root	Translation
14) הִתְקַטַּ֫לְתִּי					
15) הִקְטַ֫לְתִּי					
16) הִקָּטְלִי					
17) מִתְקַטֵּל					
18) מְקַטֵּל					
19) מְקֻטָּלָה					
20) נִקְטָלָה					
21) הִתְבָּרֵךְ (4 forms)					
22) יְבֹרַךְ					
23) בֹּרַךְ					
24) בֹּעַר					
25) מְבַעֵר					
26) מְבֹעָר					
27) מִתְבָּרֲכִים					

	Conjugation	Aspect	P / N / G	Root	Translation
28) מְבֹרָכָה					
29) הִשְׁתַּמַּ֫רְנוּ					
30) הִתְגַּלִּיתֶם					
31) אֶתְגַּלֶּה (2 forms)					
32) מִתְגַּלָּה					
33) מְצֻוִּים					
34) נְצַוֶּה (2 forms)					
35) וַיְצַו					
36) וַיִּתְגַּדְּלוּ					
37) וַנְּדַבֵּר					
38) מִשְׁתַּמְּרוֹת					
39) הִתְפַּלַּ֫לְתָּ					
40) תִּתְפַּלְּלוּ					

Translation of Sentences

1) הִגְלוּ אֹיְבֵינוּ אֹתָנוּ בְּאֶרֶץ אַחֶרֶת וַנִּתְפַּלֵּל אֶל־אֱלֹהֵינוּ׃

2) אֲגַדֵּל אֶת־שִׁמְךָ יהוה וְאַל־אֶתְגַּדְּלָה בִּשְׁמִי׃

3) הֵבִיאוּ אֵת הַשַּׂר הַקָּטֹן לִפְנֵי הַמִּשְׁכָּן וַיַּמְלִיכוּ אֹתוֹ שָׁם׃

4) הוֹדוּ לַיהוה כִּי טוֹב כִּי לְעוֹלָם חַסְדּוֹ׃

5) מְבָרְכֶיךָ יְבֹרְכוּ וּמְקַלְלֶיךָ יְקֻלָּלוּ׃

Supplementary Exercises

Conjugate the verb ברך in the Pual (Dp) stem.

Check your answers against Appendix IV-B (pages 244–45).

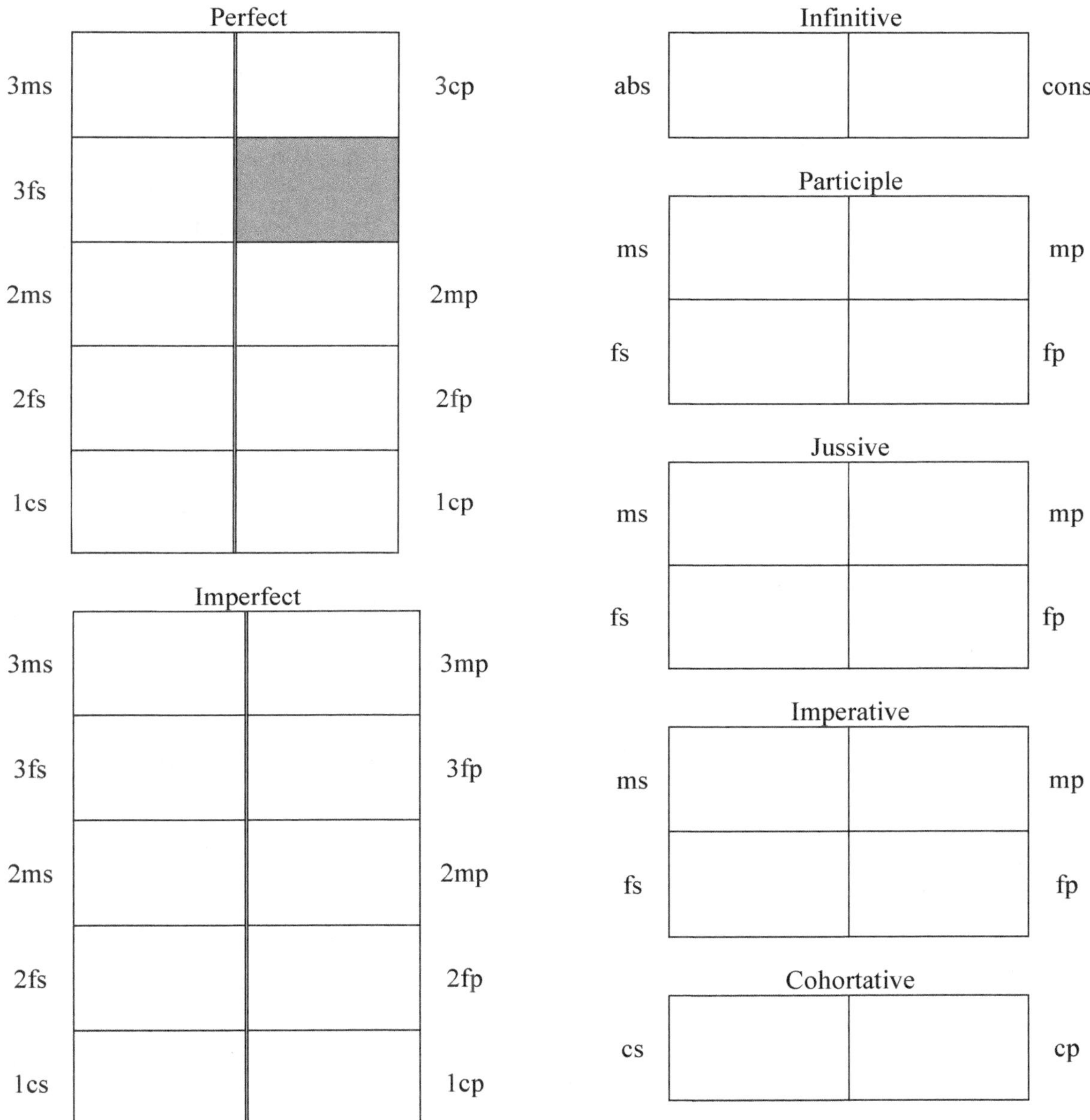

Perfect

3ms			3cp
3fs			
2ms			2mp
2fs			2fp
1cs			1cp

Imperfect

3ms			3mp
3fs			3fp
2ms			2mp
2fs			2fp
1cs			1cp

Infinitive

abs			cons

Participle

ms			mp
fs			fp

Jussive

ms			mp
fs			fp

Imperative

ms			mp
fs			fp

Cohortative

cs			cp

Conjugate the verb צדק in the Hithpael (HtD) stem.

Note that צ is a sibilant and a dental. Therefore, this verb not only exhibits metathesis of the infixed ת with the צ, but also shows partial assimilation to the dental, with the ת becoming a ט.

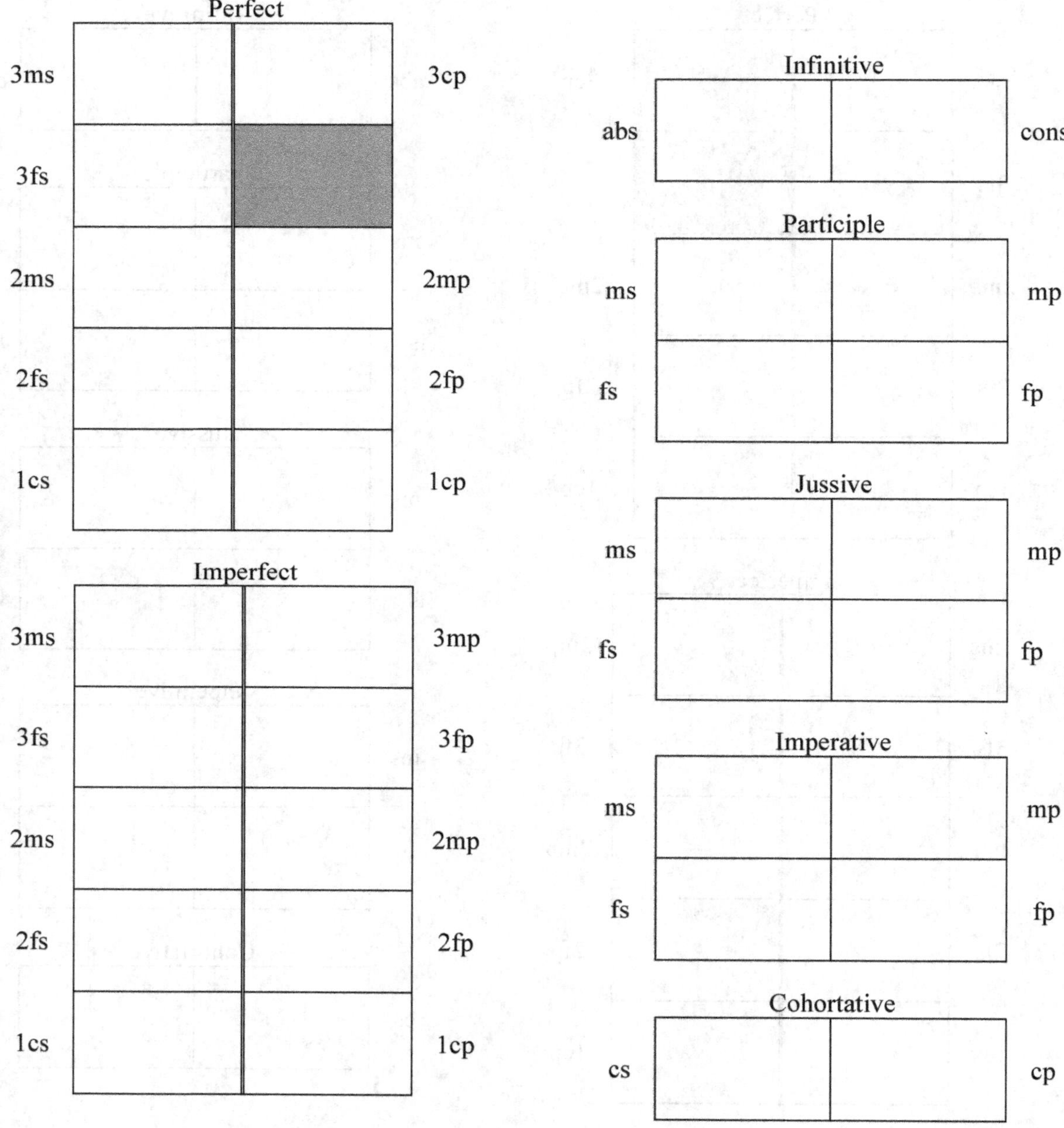

Translate

Amos 8

1 כֹּה הִרְאַנִי אֲדֹנָי יְהוִה וְהִנֵּה כְּלוּב קָיִץ׃ 2 וַיֹּאמֶר מָה־אַתָּה רֹאֶה עָמוֹס
וָאֹמַר כְּלוּב קָיִץ וַיֹּאמֶר יְהוָה אֵלַי בָּא הַקֵּץ אֶל־עַמִּי יִשְׂרָאֵל לֹא־אוֹסִיף
עוֹד עֲבוֹר לוֹ׃ 3 וְהֵילִילוּ שִׁירוֹת הֵיכָל בַּיּוֹם הַהוּא נְאֻם אֲדֹנָי יְהוִה רַב
הַפֶּגֶר בְּכָל־מָקוֹם הִשְׁלִיךְ הָס׃ פ 4 שִׁמְעוּ־זֹאת הַשֹּׁאֲפִים אֶבְיוֹן וְלַשְׁבִּית
עֲנִיֵּי־אָרֶץ׃ 5 לֵאמֹר מָתַי יַעֲבֹר הַחֹדֶשׁ וְנַשְׁבִּירָה שֶּׁבֶר וְהַשַּׁבָּת
וְנִפְתְּחָה־בָּר לְהַקְטִין אֵיפָה וּלְהַגְדִּיל שֶׁקֶל וּלְעַוֵּת מֹאזְנֵי מִרְמָה׃

Vocabulary

1 כְּלוּב—basket (n)

קַיִץ—summer fruit (n)

2 קֵץ—end (n)

יסף—do again, add, increase (v)

3 ילל—howl (v)

שִׁירָה—song (n)

נְאֻם—oracle, utterance (n)

פֶּגֶר—corpse, carcass (n)

3 הַס—hush! (interjection)

4 שׁאף—trample (v)

אֶבְיוֹן—needy person (n)

שׁבת—cease, stop (v)

עָנִי—poor, afflicted person (n)

5 מָתַי—when (interrogative)

שׁבר—sell grain (v)

פתח—open (v)

5 בַּר—grain (n)

קטן—be small (v)

עות—bend, make crooked, pervert (v)

מֹאזְנַיִם—scales (n)

מִרְמָה—deceit, treachery (n)

Genesis 37

1 וַיֵּ֣שֶׁב יַעֲקֹ֔ב בְּאֶ֖רֶץ מְגוּרֵ֣י אָבִ֑יו בְּאֶ֖רֶץ כְּנָֽעַן׃ 2 אֵ֣לֶּה׀ תֹּלְד֣וֹת יַעֲקֹ֗ב
יוֹסֵ֞ף בֶּן־שְׁבַֽע־עֶשְׂרֵ֤ה שָׁנָה֙ הָיָ֨ה רֹעֶ֤ה אֶת־אֶחָיו֙ בַּצֹּ֔אן וְה֣וּא נַ֗עַר אֶת־בְּנֵ֥י
בִלְהָ֛ה וְאֶת־בְּנֵ֥י זִלְפָּ֖ה נְשֵׁ֣י אָבִ֑יו וַיָּבֵ֥א יוֹסֵ֛ף אֶת־דִּבָּתָ֥ם רָעָ֖ה אֶל־אֲבִיהֶֽם׃
3 וְיִשְׂרָאֵ֗ל אָהַ֤ב אֶת־יוֹסֵף֙ מִכָּל־בָּנָ֔יו כִּֽי־בֶן־זְקֻנִ֥ים ה֖וּא ל֑וֹ וְעָ֥שָׂה ל֖וֹ כְּתֹ֥נֶת
פַּסִּֽים׃ 4 וַיִּרְא֣וּ אֶחָ֗יו כִּֽי־אֹת֞וֹ אָהַ֤ב אֲבִיהֶם֙ מִכָּל־אֶחָ֔יו וַֽיִּשְׂנְא֖וּ אֹת֑וֹ וְלֹ֥א
יָכְל֖וּ דַּבְּר֥וֹ לְשָׁלֹֽם׃ 5 וַיַּחֲלֹ֤ם יוֹסֵף֙ חֲל֔וֹם וַיַּגֵּ֖ד לְאֶחָ֑יו וַיּוֹסִ֥פוּ ע֖וֹד שְׂנֹ֥א אֹתֽוֹ׃

Vocabulary

1 מָגוֹר—sojourning place (n)

2 תֹּלֵדוֹת—descendants, results, proceedings (n)

שֶׁבַע—seven (adj)

רעה—be a shepherd (v)

דִּבָּה—bad report (n)

3 זְקֻנִים—old age (n)

כְּתֹנֶת—tunic (n)

פַּס—flat part of the hand or of the soles of the feet (n)

5 חלם—dream (v)

5 חֲלוֹם—dream (n)

יסף— do again, add, increase (v)

EXERCISES, CHAPTER 21

DRILL #1

A. Write out the regular verb (קטל) in the entire Hophal conjugation.

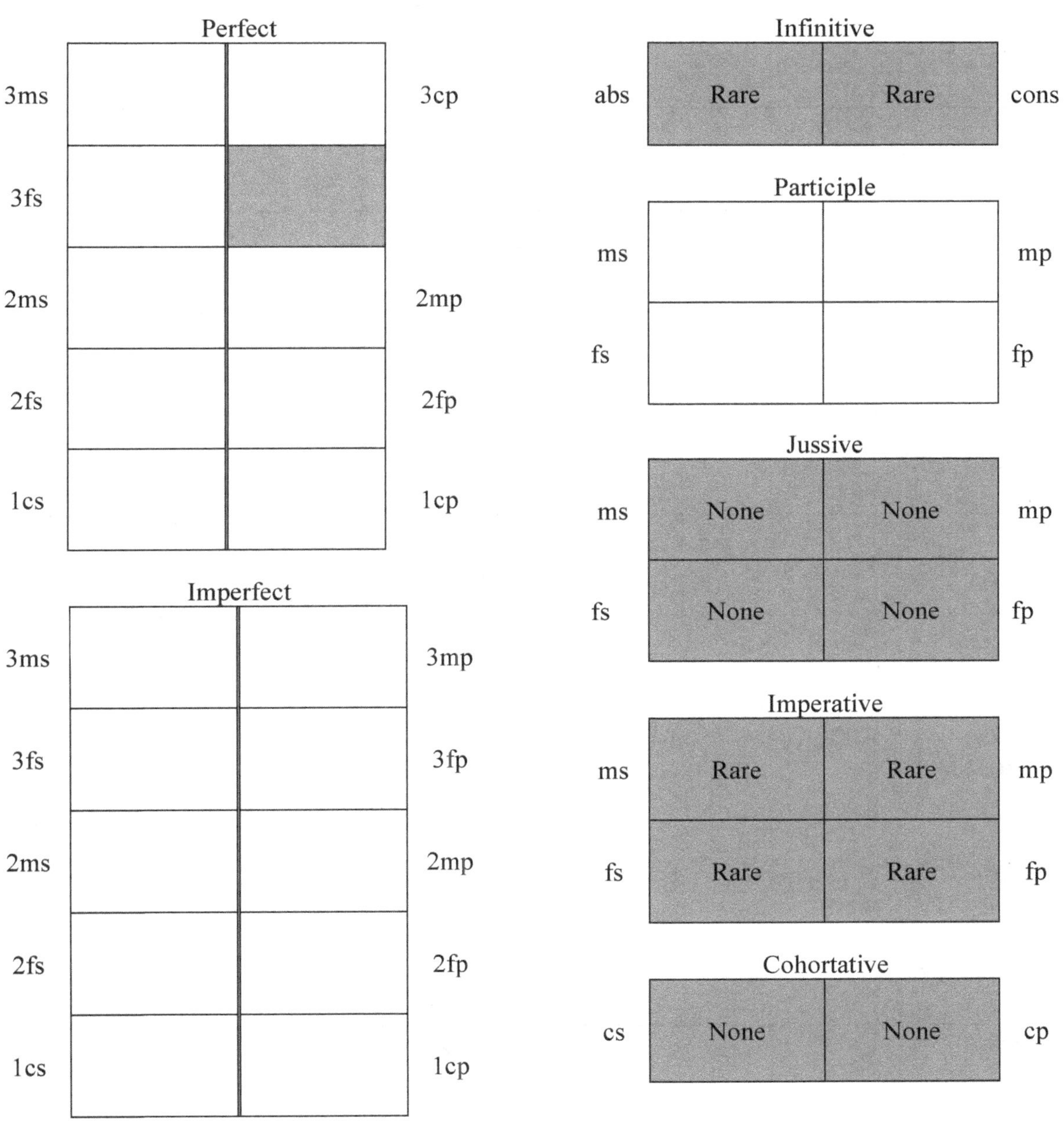

Perfect

3ms			3cp
3fs			
2ms			2mp
2fs			2fp
1cs			1cp

Imperfect

3ms			3mp
3fs			3fp
2ms			2mp
2fs			2fp
1cs			1cp

Infinitive

abs	Rare	Rare	cons

Participle

ms			mp
fs			fp

Jussive

ms	None	None	mp
fs	None	None	fp

Imperative

ms	Rare	Rare	mp
fs	Rare	Rare	fp

Cohortative

cs	None	None	cp

B. Parse	Conjugation	Aspect	P / N / G	Root	Translation
1) הָקְטַל					
2) הָקְטַ֫לְתָּ					
3) הִקְטַ֫לְתָּ					
4) יָקְטְלוּ					
5) יַקְטִ֫ילוּ					
6) יִקְטְלוּ (2 forms)					
7) יִקָּטְלוּ (2 forms)					
8) יְקַטְּלוּ (2 forms)					
9) יְקֻטְּלוּ					
10) יִתְקַטְּלוּ (2 forms)					
11) מָקְטָל					
12) מַקְטִיל					
13) נִקְטָל					

	Conjugation	Aspect	P / N / G	Root	Translation
14) נָקְטַל					
15) נָקְטְלָה					
16) מָקְטָלָה					
17) מָקְטָלוֹת					
18) הָקְטְלוּ					
19) הָקְטַ֫לְנוּ					
20) אָקְטַל					
21) הָעֳבַדְתֶּם					
22) יָעֳבַד					
23) יָעָבְדוּ					
24) הֻצַּ֫לְתִּי					
25) יֻגַּד					
26) יָגְלוּ					
27) הָגְלִ֫ינוּ					

	Conjugation	Aspect	P / N / G	Root	Translation
28) הוּלְדָה					
29) הוּקַ֫מְתָּ					
30) יוּשַׁב (2 forms)					

DRILL #2: (Qal Passive Participle)

1) הַדָּבָר הַכָּתוּב

2) הַסְּפָרִים הַכְּתוּבִים

3) כְּתוּבִים הַסְּפָרִים

4) הַכְּתוּבִים

5) קְבוּרָה הָאִשָּׁה

6) קְבוּרוֹת הַנָּשִׁים

7) שְׁעָרִים פְּתוּחִים

8) עִיר דְּרוּשָׁה

9) עֲזוּבָה אַרְצְכֶם

10) הַקְּבוּצִים

Translation of Sentences

1) הָגְלוּ כֹּהֲנֵי־יהוה וְכָל־הָעָם וַיּוּבְאוּ אֶל־אָרֶץ אַחֶרֶת וַיִּתְפַּלְלוּ אֶל־אֱלֹהִים שָׁם׃

2) דָּרַשְׁנוּ אֶת־יהוה בְּאֹהֶל־מוֹעֵד וַנָּבִיא אֶת־מִנְחוֹתֵינוּ אֶל־הַמִּשְׁכָּן וַנַּנִּיחַ אֹתָם
עַל־הַמִּזְבֵּחַ

3) זֹאת שָׁאַלְתִּי כִּי אֶשְׁכֹּן בְּאֶ֫רֶץ־נַחֲלָתִי וְכִי אֵשֵׁב בַּעֲדַת־הַצַּדִּיקִים וְכִי אָלְבַּשׁ
בְּבֶ֫גֶד־קֹ֫דֶשׁ׃

4) הָמְלַךְ בֶּן־שַׂר־הָעִיר וַיֻּגַּד הַדָּבָר לְאֵ֫שֶׁת־הַמֶּ֫לֶךְ וַיִּחַר אַפָּהּ׃

Additional Exercises

ALL VERB REVIEW

Parse	Conjugation	Aspect	P / N / G	Root	Translation
1) קִטְּלוּ					XXXXXXXX
2) הַקְטִ֫ילוּ					XXXXXXXX
3) נִקְטָלָה					XXXXXXXX
4) קִטַּ֫לְתִּי					XXXXXXXX
5) אֶקְטֹל					XXXXXXXX
6) הִתְקַטְּלִי					XXXXXXXX
7) נִקָּטֵל					XXXXXXXX

	Conjugation	Aspect	P / N / G	Root	Translation
8) קֹטֶ֫לֶת					XXXXXXXX
9) תִּקָּטַ֫לְנָה					XXXXXXXX
10) הִקָּטֵל					XXXXXXXX
11) נוֹתַרְתֶּם					
12) יִגָּלוּ					
13) בֹּרְכוּ					
14) נִבְנָה (2 forms)					
15) הִשְׁתַּמַּ֫רְנוּ					
16) נֶעֱבָד					
17) הָגְלֵיתֶם					
18) נִקְבַּר					
19) הוּצֵ֫אתִי					
20) הֲנִיחוֹתָ					

	Conjugation	Aspect	P / N / G	Root	Translation
21) תִזָּכְרִי					
22) הוֹצֵ֫אתִי					
23) מוּקָמִים					
24) אֶצַּל					

Supplementary Exercises

Conjugate the verb נכה in the Hophal (Hp) stem.

Check your answers against Appendix IV-E (pages 250–51) and Appendix IV-H (pages 256–57).

Perfect

3ms			3cp
3fs			
2ms			2mp
2fs			2fp
1cs			1cp

Imperfect

3ms			3mp
3fs			3fp
2ms			2mp
2fs			2fp
1cs			1cp

Infinitive

abs	Rare	Rare	cons

Participle

ms			mp
fs			fp

Jussive

ms	None	None	mp
fs	None	None	fp

Imperative

ms	Rare	Rare	mp
fs	Rare	Rare	fp

Cohortative

cs	None	None	cp

Conjugate the verb שׂים in the Hophal (Hp) stem.
Check your answers against Appendix IV-G (pages 254–55).

Perfect

3ms			3cp
3fs			
2ms			2mp
2fs			2fp
1cs			1cp

Imperfect

3ms			3mp
3fs			3fp
2ms			2mp
2fs			2fp
1cs			1cp

Infinitive

abs	Rare	Rare	cons

Participle

ms			mp
fs			fp

Jussive

ms	None	None	mp
fs	None	None	fp

Imperative

ms	Rare	Rare	mp
fs	Rare	Rare	fp

Cohortative

cs	None	None	cp

Conjugate the verb יצא in the Hophal (Hp) stem.
Check your answers against Appendix IV-F (pages 252–53).

Perfect

3ms			3cp
3fs			
2ms			2mp
2fs			2fp
1cs			1cp

Imperfect

3ms			3mp
3fs			3fp
2ms			2mp
2fs			2fp
1cs			1cp

Infinitive

abs	Rare	Rare	cons

Participle

ms			mp
fs			fp

Jussive

ms	None	None	mp
fs	None	None	fp

Imperative

ms	Rare	Rare	mp
fs	Rare	Rare	fp

Cohortative

cs	None	None	cp

Conjugate the verb בחר as a Qal (G) passive participle.

Passive Participle

ms			mp
fs			fp

Conjugate the verb ברך as a Qal (G) passive participle.

Passive Participle

ms			mp
fs			fp

Conjugate the verb דרשׁ as a Qal (G) passive participle.

Passive Participle

ms			mp
fs			fp

Translate

Genesis 37

6 וַיֹּ֖אמֶר אֲלֵיהֶ֑ם שִׁמְעוּ־נָ֕א הַחֲל֥וֹם הַזֶּ֖ה אֲשֶׁ֥ר חָלָֽמְתִּי׃ 7 וְ֠הִנֵּה אֲנַ֜חְנוּ
מְאַלְּמִ֤ים אֲלֻמִּים֙ בְּת֣וֹךְ הַשָּׂדֶ֔ה וְהִנֵּ֛ה קָ֥מָה אֲלֻמָּתִ֖י וְגַם־נִצָּ֑בָה וְהִנֵּ֤ה
תְסֻבֶּ֙ינָה֙ אֲלֻמֹּ֣תֵיכֶ֔ם וַתִּשְׁתַּחֲוֶ֖יןָ לַאֲלֻמָּתִֽי׃ 8 וַיֹּ֤אמְרוּ לוֹ֙ אֶחָ֔יו הֲמָלֹ֤ךְ תִּמְלֹךְ֙
עָלֵ֔ינוּ אִם־מָשׁ֥וֹל תִּמְשֹׁ֖ל בָּ֑נוּ וַיּוֹסִ֤פוּ עוֹד֙ שְׂנֹ֣א אֹת֔וֹ עַל־חֲלֹמֹתָ֖יו
וְעַל־דְּבָרָֽיו׃ 9 וַיַּחֲלֹ֥ם עוֹד֙ חֲל֣וֹם אַחֵ֔ר וַיְסַפֵּ֥ר אֹת֖וֹ לְאֶחָ֑יו וַיֹּ֗אמֶר הִנֵּ֨ה
חָלַ֤מְתִּֽי חֲלוֹם֙ ע֔וֹד וְהִנֵּ֧ה הַשֶּׁ֣מֶשׁ וְהַיָּרֵ֗חַ וְאַחַ֤ד עָשָׂר֙ כּֽוֹכָבִ֔ים מִֽשְׁתַּחֲוִ֖ים
לִֽי׃ 10 וַיְסַפֵּ֣ר אֶל־אָבִיו֮ וְאֶל־אֶחָיו֒ וַיִּגְעַר־בּ֣וֹ אָבִ֔יו וַיֹּ֣אמֶר ל֔וֹ מָ֛ה הַחֲל֥וֹם
הַזֶּ֖ה אֲשֶׁ֣ר חָלָ֑מְתָּ הֲב֣וֹא נָב֗וֹא אֲנִי֙ וְאִמְּךָ֣ וְאַחֶ֔יךָ לְהִשְׁתַּחֲוֺ֥ת לְךָ֖ אָֽרְצָה׃
11 וַיְקַנְאוּ־ב֖וֹ אֶחָ֑יו וְאָבִ֖יו שָׁמַ֥ר אֶת־הַדָּבָֽר׃

Vocatulary

6 חֲלוֹם—dream (n)
חלם—dream (v)

7 אלם—bind (v)
אֲלֻמָּה—sheaf (n)
נצב—stand upright (v)

7 תְסֻבֶּינָה—Qal impf 3fp סבב—turn (see chapter 22)

8 משׁל—rule (v)
יסף—add; increase (v)

9 שֶׁמֶשׁ—sun (n)
יָרֵחַ—moon (n)

9 כּוֹכָב—star (n)

10 גער—corrupt, rebuke (v)

11 קנא—be jealous, zealous (v)

Exodus 24

13 וַיָּ֣קָם מֹשֶׁ֔ה וִיהוֹשֻׁ֖עַ מְשָׁרְת֑וֹ וַיַּ֥עַל מֹשֶׁ֖ה אֶל־הַ֥ר הָאֱלֹהִֽים׃
14 וְאֶל־הַזְּקֵנִ֣ים אָמַ֗ר שְׁבוּ־לָ֣נוּ בָזֶ֔ה עַ֥ד אֲשֶׁר־נָשׁ֖וּב אֲלֵיכֶ֑ם וְהִנֵּ֨ה אַהֲרֹ֤ן וְחוּר֙
עִמָּכֶ֔ם מִי־בַ֥עַל דְּבָרִ֖ים יִגַּ֥שׁ אֲלֵהֶֽם׃ 15 וַיַּ֥עַל מֹשֶׁ֖ה אֶל־הָהָ֑ר וַיְכַ֥ס הֶעָנָ֖ן
אֶת־הָהָֽר׃ 16 וַיִּשְׁכֹּ֤ן כְּבוֹד־יְהוָה֙ עַל־הַ֣ר סִינַ֔י וַיְכַסֵּ֥הוּ הֶעָנָ֖ן שֵׁ֣שֶׁת יָמִ֑ים
וַיִּקְרָ֧א אֶל־מֹשֶׁ֛ה בַּיּ֥וֹם הַשְּׁבִיעִ֖י מִתּ֥וֹךְ הֶעָנָֽן׃ 17 וּמַרְאֵה֙ כְּב֣וֹד יְהוָ֔ה כְּאֵ֥שׁ
אֹכֶ֖לֶת בְּרֹ֣אשׁ הָהָ֑ר לְעֵינֵ֖י בְּנֵ֥י יִשְׂרָאֵֽל׃ 18 וַיָּבֹ֥א מֹשֶׁ֛ה בְּת֥וֹךְ הֶעָנָ֖ן וַיַּ֣עַל
אֶל־הָהָ֑ר וַיְהִ֤י מֹשֶׁה֙ בָּהָ֔ר אַרְבָּעִ֣ים י֔וֹם וְאַרְבָּעִ֖ים לָֽיְלָה׃

Vocabulary

13 מְשָׁרֵת—servant (n)

15 כסה—cover, conceal (v)

עָנָן—cloud, smoke (n)

16 שִׁשָּׁה—six (adj)

שְׁבִיעִי—seventh (adj)

17 מַרְאֶה—sight, appearance (n)

18 אַרְבָּעִים—forty (adj)

EXERCISES, CHAPTER 22

DRILL: Parse and Translate

1) סָבְבוּ
2) סַבּוֹתִי
3) יִסֹּב (2 forms)
4) יֵרַע (2 forms)
5) קִלֵּל
6) יְקַלֵּל (2 forms)
7) יְקֻלַּל
8) הַלְלוּ
9) חִלְלוּ
10) הֵחֵל
11) הֵחֵ֫לּוּ
12) יָחֵל (2 forms)
13) יָרֵעַ (2 forms)
14) קוֹמֵם
15) קוֹמַ֫מְנוּ (2 forms)
16) יְקוֹמֵם (2 forms)
17) יְקוֹמַם
18) הִתְבּוֹנֵן

Sentences:

19) אָז הוּחַל לִקְרֹא בְּשֵׁם יהוה׃

20) וַיּוֹסִפוּ בְּנֵי יִשְׂרָאֵל לַעֲשׂוֹת הָרַע בְּעֵינֵי יהוה׃

21) וַיָּשׁוּבוּ וַיִּבְכּוּ׃

Supplementary Exercises

Conjugate the verb ארר in the Qal (G) stem.

Check your answers against the charts on pages 211–12.

Perfect

3ms			3cp
3fs			
2ms			2mp
2fs			2fp
1cs			1cp

Imperfect

3ms			3mp
3fs			3fp
2ms			2mp
2fs			2fp
1cs			1cp

Participle

ms			mp
fs			fp

Conjugate the verb תמם in the Hiphal (H) stem.
Check your answers against the charts on pages 212–13.

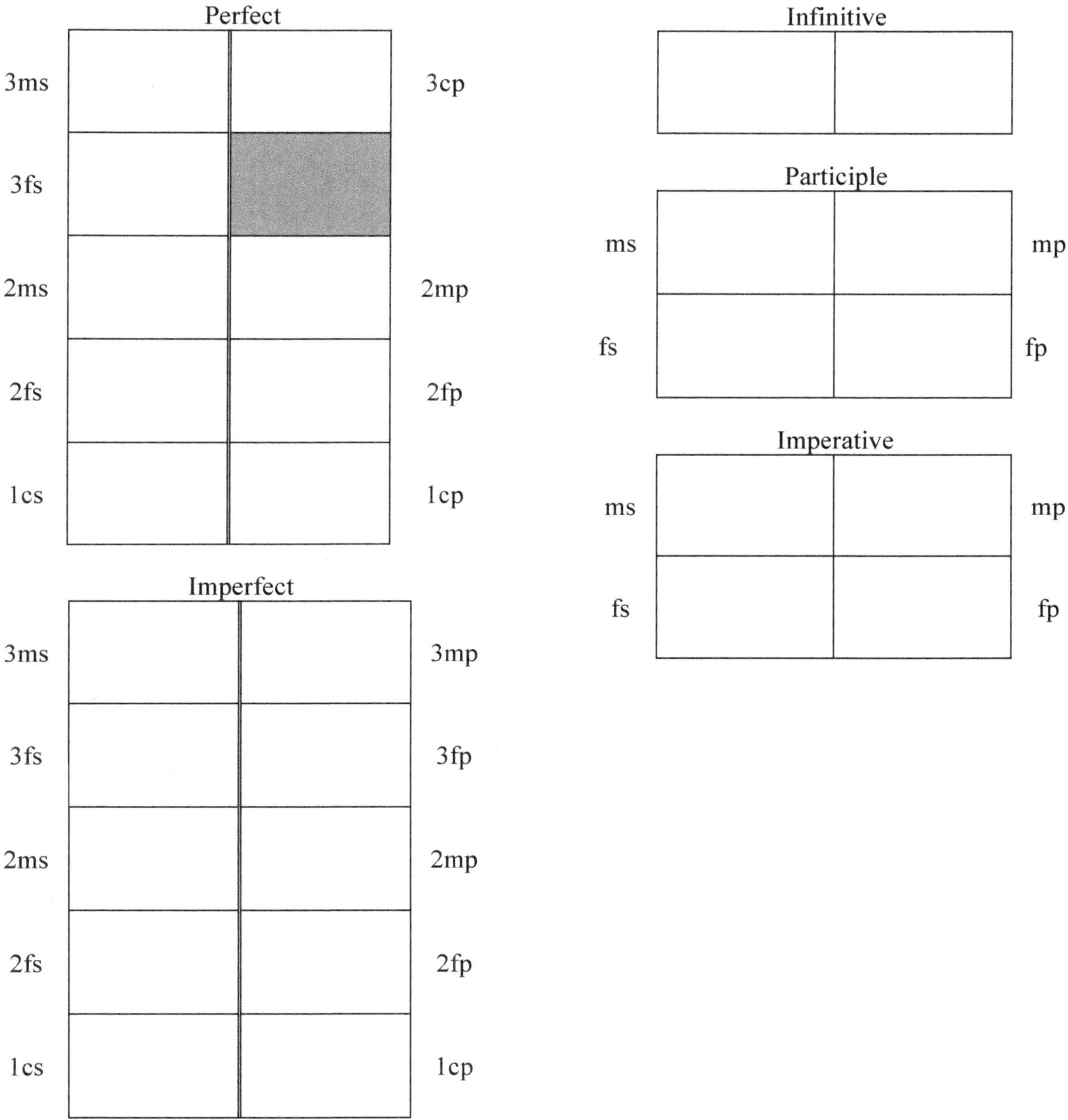

Conjugate the verb כּוּן in the Polel (D) stem.
Check your answers against the charts on pages 213–14.

Perfect

3ms			3cp
3fs			
2ms			2mp
2fs			2fp
1cs			1cp

Imperfect

3ms			3mp
3fs			3fp
2ms			2mp
2fs			2fp
1cs			1cp

Conjugate the verb רום in the Polal (Dp) stem.
Check your answers against the charts on pages 214–15.

Perfect

3ms			3cp
3fs			
2ms			2mp
2fs			2fp
1cs			1cp

Imperfect

3ms			3mp
3fs			3fp
2ms			2mp
2fs			2fp
1cs			1cp

Translate

Exodus 32

1 וַיַּרְא הָעָם כִּי־בֹשֵׁשׁ מֹשֶׁה לָרֶדֶת מִן־הָהָר וַיִּקָּהֵל הָעָם עַל־אַהֲרֹן
וַיֹּאמְרוּ אֵלָיו קוּם ׀ עֲשֵׂה־לָנוּ אֱלֹהִים אֲשֶׁר יֵלְכוּ לְפָנֵינוּ כִּי־זֶה ׀ מֹשֶׁה
הָאִישׁ אֲשֶׁר הֶעֱלָנוּ מֵאֶרֶץ מִצְרַיִם לֹא יָדַעְנוּ מֶה־הָיָה לוֹ׃ 2 וַיֹּאמֶר אֲלֵהֶם
אַהֲרֹן פָּרְקוּ נִזְמֵי הַזָּהָב אֲשֶׁר בְּאָזְנֵי נְשֵׁיכֶם בְּנֵיכֶם וּבְנֹתֵיכֶם וְהָבִיאוּ
אֵלָי׃ 3 וַיִּתְפָּרְקוּ כָּל־הָעָם אֶת־נִזְמֵי הַזָּהָב אֲשֶׁר בְּאָזְנֵיהֶם וַיָּבִיאוּ אֶל־אַהֲרֹן׃
4 וַיִּקַּח מִיָּדָם וַיָּצַר אֹתוֹ בַּחֶרֶט וַיַּעֲשֵׂהוּ עֵגֶל מַסֵּכָה וַיֹּאמְרוּ אֵלֶּה אֱלֹהֶיךָ
יִשְׂרָאֵל אֲשֶׁר הֶעֱלוּךָ מֵאֶרֶץ מִצְרָיִם׃ 5 וַיַּרְא אַהֲרֹן וַיִּבֶן מִזְבֵּחַ לְפָנָיו וַיִּקְרָא
אַהֲרֹן וַיֹּאמַר חַג לַיהוָה מָחָר׃ 6 וַיַּשְׁכִּימוּ מִמָּחֳרָת וַיַּעֲלוּ עֹלֹת וַיַּגִּשׁוּ
שְׁלָמִים וַיֵּשֶׁב הָעָם לֶאֱכֹל וְשָׁתוֹ וַיָּקֻמוּ לְצַחֵק׃ פ 7 וַיְדַבֵּר יְהוָה אֶל־מֹשֶׁה
לֶךְ־רֵד כִּי שִׁחֵת עַמְּךָ אֲשֶׁר הֶעֱלֵיתָ מֵאֶרֶץ מִצְרָיִם׃ 8 סָרוּ מַהֵר מִן־הַדֶּרֶךְ
אֲשֶׁר צִוִּיתִם עָשׂוּ לָהֶם עֵגֶל מַסֵּכָה וַיִּשְׁתַּחֲווּ־לוֹ וַיִּזְבְּחוּ־לוֹ וַיֹּאמְרוּ אֵלֶּה
אֱלֹהֶיךָ יִשְׂרָאֵל אֲשֶׁר הֶעֱלוּךָ מֵאֶרֶץ מִצְרָיִם׃ 9 וַיֹּאמֶר יְהוָה אֶל־מֹשֶׁה
רָאִיתִי אֶת־הָעָם הַזֶּה וְהִנֵּה עַם־קְשֵׁה־עֹרֶף הוּא׃ 10 וְעַתָּה הַנִּיחָה לִּי
וְיִחַר־אַפִּי בָהֶם וַאֲכַלֵּם וְאֶעֱשֶׂה אוֹתְךָ לְגוֹי גָּדוֹל׃

Vocabulary

1 בושׁ—be ashamed; (D) be delayed (v)
קהל—assemble (v)

2 פרק—tear off (v)
נֶזֶם—ring (n)

4 צור—fashion (v)
חֶרֶט—engraver's tool (n)
עֵגֶל—calf (n)
מַסֵּכָה—molten metal (n)

5 חַג—festival (n)
מָחָר—tomorrow (adv)

6 שׁכם—rise early (v)
שֶׁלֶם—peace offering (n)
צחק—laugh; (D) play (v)

7 שׁחת—destroy, corrupt (v)

8 מַהֵר—quickly (adv)

9 קָשֶׁה—hard, stiff (adj)
עֹרֶף—neck (n)

10 כלה—finish, destroy (v)

EXERCISES, CHAPTER 23

DRILL

1) אִישׁ אֶחָד

2) אִשָּׁה אַחַת

3) הָאִשָּׁה הָאַחַת

4) שְׁנַיִם אֲנָשִׁים

5) שְׁנֵי אֲנָשִׁים

6) שְׁנֵי הָאֲנָשִׁים

7) אֲנָשָׁיִם

8) שְׁתֵּי הַנָּשִׁים

9) שְׁתַּיִם נָשִׁים

10) שְׁלֹשָׁה אֲנָשִׁים

11) שְׁלֹשֶׁת אֲנָשִׁים

12) שְׁלֹשֶׁת הָאֲנָשִׁים

13) שְׁלֹשׁ הַנָּשִׁים

14) אַרְבַּע נָשִׁים

15) שֶׁבַע שָׁנִים

16) שִׁבְעָה יָמִים

17) שִׁבְעַת הַיָּמִים

18) עֲשָׂרָה מְלָכִים

19) שְׁנֵים עָשָׂר מַלְאָכִים

20) עֶשְׂרִים מַלְאָכִים

21) שְׁלֹשִׁים נְבִיאִים

22) אַרְבָּעִים יָמִים

23) אַרְבָּעִים יוֹם וְאַרְבָּעִים לָיְלָה

24) מֵאָה יָמִים

25) אֶלֶף יָמִים

26) אַלְפַּיִם יָמִים

27) שְׁלֹשֶׁת אֲלָפִים וְאַרְבַּע מֵאוֹת וְשִׁבְעִים וְשֶׁבַע

28) בַּחֹדֶשׁ הַשְּׁלִישִׁי לְצֵאת בְּנֵי־יִשְׂרָאֵל מֵאֶרֶץ מִצְרַיִם בַּיּוֹם הָרִאשׁוֹן בָּאוּ אֶל־הָהָר׃

Supplementary Exercises
Translate

Exodus 32

11 וַיְחַל מֹשֶׁה אֶת־פְּנֵי יְהוָה אֱלֹהָיו וַיֹּאמֶר לָמָה יְהוָה יֶחֱרֶה אַפְּךָ
בְּעַמֶּךָ אֲשֶׁר הוֹצֵאתָ מֵאֶרֶץ מִצְרַיִם בְּכֹחַ גָּדוֹל וּבְיָד חֲזָקָה׃ 12 לָמָּה יֹאמְרוּ
מִצְרַיִם לֵאמֹר בְּרָעָה הוֹצִיאָם לַהֲרֹג אֹתָם בֶּהָרִים וּלְכַלֹּתָם מֵעַל פְּנֵי
הָאֲדָמָה שׁוּב מֵחֲרוֹן אַפֶּךָ וְהִנָּחֵם עַל־הָרָעָה לְעַמֶּךָ׃ 13 זְכֹר לְאַבְרָהָם
לְיִצְחָק וּלְיִשְׂרָאֵל עֲבָדֶיךָ אֲשֶׁר נִשְׁבַּעְתָּ לָהֶם בָּךְ וַתְּדַבֵּר אֲלֵהֶם אַרְבֶּה
אֶת־זַרְעֲכֶם כְּכוֹכְבֵי הַשָּׁמָיִם וְכָל־הָאָרֶץ הַזֹּאת אֲשֶׁר אָמַרְתִּי אֶתֵּן לְזַרְעֲכֶם
וְנָחֲלוּ לְעֹלָם׃ 14 וַיִּנָּחֶם יְהוָה עַל־הָרָעָה אֲשֶׁר דִּבֶּר לַעֲשׂוֹת לְעַמּוֹ׃ פ 15 וַיִּפֶן
וַיֵּרֶד מֹשֶׁה מִן־הָהָר וּשְׁנֵי לֻחֹת הָעֵדֻת בְּיָדוֹ לֻחֹת כְּתֻבִים מִשְּׁנֵי עֶבְרֵיהֶם
מִזֶּה וּמִזֶּה הֵם כְּתֻבִים׃ 16 וְהַלֻּחֹת מַעֲשֵׂה אֱלֹהִים הֵמָּה וְהַמִּכְתָּב מִכְתַּב
אֱלֹהִים הוּא חָרוּת עַל־הַלֻּחֹת׃

Vocabulary

11 חלה—appease, seek favor (v)
חרה—burn (v)
כֹּחַ—power (n)
12 כלה—finish, destroy (v)
12 חָרוֹן—anger (n)
13 כּוֹכָב—star (n)
נחל—inherit (v)
15 פנה—turn (v)
עֵדוּת—testimony (n)
15 לוּחַ—tablet (n)
עֵבֶר—side (n)
16 מִכְתָּב—handwriting (n)
חרת—engrave (v)

Ezra 2

1 וְאֵ֣לֶּה ׀ בְּנֵ֣י הַמְּדִינָ֗ה הָעֹלִים֙ מִשְּׁבִ֣י הַגּוֹלָ֔ה אֲשֶׁ֥ר הֶגְלָ֛ה
נְבוּכַדְנֶצַּ֥ר מֶֽלֶךְ־בָּבֶ֖ל לְבָבֶ֑ל וַיָּשׁ֛וּבוּ לִירוּשָׁלִַ֥ם וִיהוּדָ֖ה אִ֥ישׁ לְעִירֽוֹ׃
2 אֲשֶׁר־בָּ֣אוּ עִם־זְרֻבָּבֶ֗ל יֵשׁ֡וּעַ נְחֶמְיָה֩ שְׂרָיָ֨ה רְֽעֵלָיָ֜ה מָרְדֳּכַ֥י בִּלְשָׁ֛ן מִסְפָּ֥ר
בִּגְוַ֖י רְח֣וּם בַּעֲנָ֑ה מִסְפַּ֕ר אַנְשֵׁ֖י עַ֥ם יִשְׂרָאֵֽל׃ 3 בְּנֵ֣י פַרְעֹ֔שׁ אַלְפַּ֕יִם מֵאָ֖ה
שִׁבְעִ֥ים וּשְׁנָֽיִם׃ 4 בְּנֵ֣י שְׁפַטְיָ֔ה שְׁלֹ֥שׁ מֵא֖וֹת שִׁבְעִ֥ים וּשְׁנָֽיִם׃ 5 בְּנֵ֣י אָרַ֔ח
שְׁבַ֥ע מֵא֖וֹת חֲמִשָּׁ֥ה וְשִׁבְעִֽים׃ 6 בְּנֵֽי־פַחַ֥ת מוֹאָ֛ב לִבְנֵ֥י יֵשׁ֖וּעַ יוֹאָ֑ב אַלְפַּ֕יִם
שְׁמֹנֶ֥ה מֵא֖וֹת וּשְׁנֵ֥ים עָשָֽׂר׃ 7 בְּנֵ֣י עֵילָ֔ם אֶ֕לֶף מָאתַ֖יִם חֲמִשִּׁ֥ים וְאַרְבָּעָֽה׃

Vocabulary

גּוֹלָה—exile; exiles

מְדִינָה—province

שְׁבִי—captivity

Chapter Summaries

Chapter 1

Spelling

I. Consonants

A. "bgdkpt" letters: ת פ כ ד ג ב

B. Final forms: ץ ף ן ם ך

C. Gutturals: (ר) ע ח ה א

II. Vowels

A. "a—e/i—o/u " families

B. Short/long/mater letters

C. Shewa

1. Vocal (open syllable, will follow "bgdkpt" with dagesh lene)

2. Silent (fills space after a closed syllable and a short vowel, will follow a "bgdkpt" without dagesh lene)

III. Spelling

A. Syllables: open and closed

B. Accent: on last syllable unless noted

C. Vowels:

1. Long vowel: open ***or*** accented syllable

2. Short vowel: closed ***and*** unaccented syllable

D. Dagesh

1. Lene *hardens* "bgdkpt" letters.

2. Forte *doubles* all but gutturals (and *reš* [ר]).

Chapter 2

Noun Morphology: Gender and Number

I. Terminations for number and gender:

A. Regular pattern:

	singular	plural
masculine		ִים --
feminine	(ת--) ָה --	וֹת --

B. Dual ending -- *áyim* (ַ֫יִם --)

II. Vowel reduction

A. An open propretonic syllable reduces to vocal shewa:

"*Qameṣ* shortens to shewa in the propretonic."

B. If propretonic is unchangeable, then "pretonic reduction" occurs:

1. *Ṣere* shortens to shewa.

2. *Qameṣ* stays *qameṣ.*

C. Monosyllabic nouns often double the final consonant.

D. Some nouns are irregular and must simply be learned!

Chapter 3

Prefixes: Article, Prepositions, Conjunction

I. Definite article

A. Regularly: prefixed · הַ (*hē* + *pataḥ* + dagesh forte)

B. Before guttural letters

1. ר א ע = הָ (compensative lengthening)

2. ה ח = הַ (virtual doubling)

3. Sometimes הֶ (see § 1 B 3 a)

C. Special situations (see § 1 B 3 c)

II. Prefixed prepositions

A. Regularly attached with vocal shewa (בְּ)

B. Before another shewa: "Rule of Shewa"

1. "Rule of Shewa, a" = first shewa becomes *ḥireq*.

2. "Rule of Shewa, b" = with composite shewa, the first shewa becomes whatever short vowel is present in the composite shewa.

C. When combined with the article, the consonant of the preposition combines with the appropriate vowel of the article.

III. Conjunction

A. Regularly attached with vocal shewa (וְ)

B. "Rule of Shewa, a" becomes וּ

C. Before *yoḏ* - shewa becomes a *ḥireq-yoḏ* mater letter .

D. Before a labial (בּ, מ, פּ), pointed as a *šureq*.

IV. Nominal (verbless) sentences: Supply the necessary form of "to be."

Chapter 4
Verb Morphology: The "Perfect " Aspect
(Afformative Verb Forms)

I. Perfect ≅ "past tense"

II. Conjugation

A. "Suffixes" (afformatives) indicate *person/number/gender*.

B. Learn the paradigm of the regular verb (see below).

III. "Direct object marker"

A. אֵת / אֶת־

B. Used with a definite direct object

IV. Finite verbs are negated by לֹא (before the verb form itself).

V. Hebrew sentences usually begin with the verb.

singular		plural	
3m קָטַל	he killed	קָטְלוּ	they killed
3f קָטְלָה	she killed		
2m קָטַלְתָּ	you killed	קְטַלְתֶּם	you killed
2f קָטַלְתְּ	you killed	קְטַלְתֶּן	you killed
1c קָטַלְתִּי	I killed	קָטַלְנוּ	we killed

Chapter 5
Variations of the "Perfect " Aspect

I. Irregular verbs deviate from the regular paradigm due to characteristics of certain root letter consonants in certain places.

II. Many "irregular" verbs show only minor (and predictable) deviations.

  A. Guttural letters take a composite shewa and prefer "a" vowels.

  B. A III-*'alep̄* will *quiesce* at the end of a syllable.

  C. A *nun* at the end of a closed syllable will *assimilate* into the next consonant as dagesh forte.

III. Two patterns should be learned as an entire paradigm.

  A. Hollow roots: two outside consonants only

  B. III-Hē : no third consonant

    1. With no termination (3sm), the III-*hē* will be present but with a distinctive vowel.

    2. With vocalic suffixes, a III-*hē* will disappear (except Pf 3sf where it is marked with ת).

    3. With consonantal suffixes, a III-*hē* will appear as an interior *yoḏ.*

IV. Stative verbs

  A. Characteristic "e" vowel in 3sm

  B. Intransitive/adjectival

Chapter 6
Verb Morphology: The "Imperfect" Aspect
(Preformative Verb Forms)

I. Imperfect ≅ future tense

II. Conjugation

A. "Prefixes" (afformatives) indicate *person/number/gender*.

B. Learn the paradigm for the regular verb (see below).

III. Irregular verbs: minor variations

A. II and III-Guttural and Stative roots show an "a" vowel in the second syllable.

B. I-Guttural roots use composite shewa after the preformative.

C. Five common I-*'alep̄* roots have a *ḥolem* after the prefix.

	singular		plural	
3m	יִקְטֹל	he will kill	יִקְטְלוּ	they will kill
3f	תִּקְטֹל	she will kill	תִּקְטֹלְנָה	they will kill
2m	תִּקְטֹל	you will kill	תִּקְטְלוּ	you will kill
2f	תִּקְטְלִי	you will kill	תִּקְטֹלְנָה	you will kill
1c	אֶקְטֹל	I will kill	נִקְטֹל	we will kill

Chapter 7

Verb Morphology: Major Variations of the "Imperfect" Aspect

In this lesson we have noted several situations in which root letters disappear and need to be found in order to determine the lexical root. The following summarizes the "clues" or recognition points which aid in finding missing root letters:

Clue	*Root*	*Example (root)*
Dagesh Forte in first remaining root letter	I-Nun	יִפֹּל (נפל)
Ṣere under Imperfect prefix	I-Yod̲	יֵשֵׁב (ישׁב)
Qameṣ under Imperfect prefix	Hollow	יָקוּמ (קוּם)
Nothing Unusual at beginning of word	III-Hē	יִבְנוּ / יִבְנֶה (בנה)
Interior *Yod̲*	III-Hē	תִּבְנֶ֫ינָה (cf. בָּנִ֫יתָ)

Chapter 8
"Waw Consecutive" (*wayyiqṭōl*)

A. "Waw consecutive" can appear with either a perfect or imperfect verb form, but the vocalization of the *waw* is different.

1. With an imperfect verb form (imperfect waw consecutive), the *waw* is pointed as the definite article. In some forms the accent shifts toward the beginning of the word.

2. With a perfect verb form (perfect waw consecutive), the *waw* is pointed as the conjunction. In some forms the accent shifts toward the end of the word.

B. In sum, therefore, there are four aspects of the finite verb:

1. **Perfect** (*qāṭal* קָטַל): past action, completed situation

2. **Imperfect** (*yiqṭōl* יִקְטֹל): future action, a situation without temporal boundaries, habitual, modal

3. **Imperfect waw consecutive** (*wayyiqṭōl* וַיִּקְטֹל): past narrative (preterite), often in sequence following a perfect form

4. **Perfect waw consecutive** (*wɛqāṭal* וְקָטַל): future action, often in sequence following an imperfect form; can also be neutral and contextual ("wild card")

Chapter 9

Noun Morphology: Absolute and Construct States

I. Nouns occur in two "states:"

  A. Absolute: independent form

  B. Construct: dependent ("bound") form used in "construct chain"

    1. General translation formula is "x of y."

    2. Construct noun is "determined" by the absolute noun: the whole construct chain is either definite or indefinite.

II. Forms

  A. Special terminations in masculine plural (ֵי --) and feminine singular (ַת --)

  B. Construct vowel reduction, Rule of Thumb:

    1. No long vowels.

      a. *Qameṣ* shortens to *paṯaḥ* in closed syllables.

      b. *Qameṣ* shortens to *vocal shewa* in open syllables.

    2. Apply Rule of Shewa if necessary.

III. Special problems should be noted (see § 3, p. 75–77).

Chapter 10
Personal Pronouns, Pronominal Suffixes

I. Independent personal pronouns are used as the subject (nominative) of a sentence.

   A. They provide the subject in a verbless sentence.

   B. They emphasize the subject with finite verb form.

II. Pronominal suffixes

   A. All other functions of the pronoun use pronominal suffixes:

      1. As direct object or object of prepositions (atttached to D.O. marker or prepositions)

      2. As possessive pronouns (attached to nouns)

   B. Two sets of pronominal suffixes:

      1. One for singular nouns, the D.O. marker, and most prepositions

      2. One for plural nouns and a few prepositions.
         This set is characterized by an additional *yo<u>d</u>*.

   C. Nouns with pronominal sufixes are definite.

III. Special problems

   A. Segolates restore an "original" short vowel in the singular and in the plural when rule of shewa is applied.

   B. Some words seem to add pronominal suffixes to their construct forms.

   C. The three words אָב , אָח , and פֶּה show an additional *yo<u>d</u>* and present special problems.

Hint: The additional *ḥireq-yo<u>d</u>* before pronominal suffixes attached to these three words is often confused with the *yo<u>d</u>* characterizing the set of pronominal suffixes added to plural nouns. This confusion can be easily avoided if the student remembers the following simple clue: One "dot" (as a vowel point) before the *yo<u>d</u>* means the noun is singular; anything else means the noun is plural. For example see p. 91:

אָחִינוּ (one dot, *ḥireq*), noun is singular ("our brother")
but אַחֵינוּ (two dots, *ṣere*), noun is plural ("our brothers")

אָחִיךָ (one dot, *ḥireq*), noun is singular ("your brother")
but אַחֶיךָ (three dots, *segol*), noun is plural ("your brothers")

אָחִיו (one dot, *ḥireq*), noun is singular ("his brother")
but אֶחָיו (no dot, *qameṣ*), noun is plural ("his brothers")

Chapter 11

Adjectives

I. Adjectives: Form

A. Agree in gender and number with the nouns they modify

B. Use the same terminations as nouns (but no irregulars!)

II. Adjectives: Function

A. Attributive

1. Always follow the noun they modify

2. Agree with noun in determination

B. Predicate (form verbless sentences with the nouns they modify)

1. Generally precede the noun

2. Do not take the definite article

C. Adjectives can also be used as nouns (substantives).

III. Comparatives & Superlatives

A. Comparative adjectives are marked by the use of מִן .

B. Superlatives are marked by a definite article or use a construct chain (or context).

IV. Demonstrative Adjectives ("this," "that")

A. As attributive, follow the noun and have article

B. As predicate, precede the noun and no article

Chapter 12
Participles, Relative Clauses

I. Participle: Form

A. Endings are the same as the nouns and adjectives

(but note "segolate form" in the feminine singular)

B. Characteristic *holem* as the initial vowel (except in hollow verbs)

II. Participle: Function

A. The participle is a verbal adjective.

B. As an adjective it can function as attributive or predicate.

1. Attributive

a. Agrees with the noun in number, gender, and determination

b. Follows the noun

c. Often translated as a relative clause

2. Predicate

a. Usually follows the noun

b. Never has the definite article

c. Functions as the verb of the clause

3. Can also be substantive = used as a noun

III. Relative Clauses

A. Usually introduced by the relative pronoun אֲשֶׁר

B. The relative pronoun uses the same form for any antecedent noun (masculine or feminine, singular or plural).

C. A resumptive pronoun may be used to clarify the use of אֲשֶׁר within the relative clause (e.g., as direct object or object of preposition).

Chapter 13

Nominal Sentences of Existence

Possession, Interrogatives

I. Particles of existence/non-existence

A. יֵשׁ = "there is"

B. אֵין = "there is no/not"

C. Used in nominal (verbless) sentences: tense is contextual

D. May take pronominal suffixes

II. Possession

The possessor is usually indicated by the preposition *lameḏ* (לְ), with the sense of "belonging to."

III. הִנֵּה

A. Indicates "here-and-now-ness"

B. Can take pronominal suffixes

IV. Interrogatives: indicated in one of two ways, both at the beginning of the sentence

A. Interrogative pronouns and adverbs (see vocabulary list in this chapter)

B. "Interrogative *Hē*"

1. הֲ prefixed to the first word of the sentence

2. הַ before gutturals and shewa

3. הֶ before gutturals followed by unaccented *qameṣ*

Chapter 14

Imperative, Jussive, Cohortative

I. Imperatives = 2nd person

A. Translated as commands

B. Form is the 2nd person imperfect form without the preformative

II. Jussive = 3rd person

A. Translated as "let him/her . . ."

B. Forms are identical to the 3rd person imperfect forms except for Hollow and III-Hē roots

III. Cohortative = 1st person

A. Translated as "Let me/us . . ."

B. Form is the 1st person imperfect plus the suffix *qameṣ -hē* (ה ָ --)

IV. Negating Jussives, Imperatives, and Cohortatives

A. Command forms are negated using אַל

B. Jussives and Cohortatives add אַל before the verb form

C. Imperatives use אַל + the *imperfect*, **not** אַל + the imperative

V. Directive *Hē*

A. Indicates movement toward something

B. Unaccented *qameṣ -hē* suffix (ה ָ --)

Chapter 15

Infinitives

I. Infinitive Absolute

A. Form: קָטוֹל

B. Function

1. Intensifying adverb used with complementary verb form: "surely," "indeed"

2. Can be "wild card:" verb tense determined by context

II. Infinitive Construct (verbal noun / gerund)

A. Form: קְטֹל

1. I-Yod̲ & I-Nun have a segolate form ending in ת

2. III-Hē ends in וֹת--

3. May take a pronominal suffix, which can be subject or object of the verbal action

a. With pronominal suffix, form shifts קְטֹל to קָטְל+

b. Segolate pattern infinitives close the first syllable:

שִׁבְתּוֹ ("his dwelling")

B. Function of the Infinitive Construct

1. Infinitive (usually has a ל prefix)

2. Gerund (verbal noun)

3. Temporal clauses (with a waw consecutive form of היה + בְּ or כְּ prefixed to the infinitive)

a. Past narrative = infinitive construct + בְּ or כְּ + וַיְהִי

b. Future narrative = infinitive construct + בְּ or כְּ + וְהָיָה

C. Negation: בִּלְתִּי

Chapter 16
Object Suffixes
Review of Qal

I. Object suffixes attach directly to verb forms:

   A. One set is used with perfect forms.

      1. Cause propretonic vowel reduction

      2. Use an "a" linking vowel

   B. A slightly different set is used with imperfect forms.

      1. Use an "e" linking vowel

      2. May appear with an "energic *nun*."

      3. Can also appear on Impv. and Inf. Contruct forms

II. Review entire Qal Conjugation: regular and irregular

(see chart, § 3, p. 153)

Chapter 17

Derived Conjugations

Piel Conjugation (D)

I. Major Derived Conjugations (see table in § 1 E, p. 165)

   A. Differences in form: Learn distinguishing marks

      (name of conjugations are the Pf 3sm of פעל)

   B. Differences in meaning (verbal root meaning is altered;

      e.g., active => passive, causative, reflexive).

II. Piel (D) - characterized by **doubling** (dagesh forte) in second root letter

   A. Function

      1. Basic Qal meaning is "intensified."

      2. Intransitive Qal (e.g., statives) become transitive

      3. Some verbs have their basic meaning in Piel.

   B. Forms: regular verb

      1. Perfect: initial vowel is *ḥireq* (קִטֵּל)

      2. Imperfect: distinctive shewa-*pataḥ* vowel pattern יְקַטֵּל

      3. Imperative and infinitives formed from imperfects (as in Qal)

      4. Participle has preformative *mem* (מְ) and the same shewa-*pataḥ*

         pattern as imperfect

   C. Major irregular problem is II-Guttural (no doubling):

      1. Compensative lengthening of inital vowel before א, ר, sometimes ע

      2. Virtual doubling of initial vowel before ה, ח, usually ע

Chapter 18

Hiphil Conjugation (H) (see table in § 3, p. 178)

I. Hiphil (H): Form

- A. General characteristic is preformative *hē* (ה)
- B. Specific characteristics:
  1. Perfect:
     - a. preformative *hē* + *hireq*-shewa vowel pattern: הִקְטל
     - b. "infixed" *ḥireq-yod̲* in third person forms: הִקְטִיל
  2. Imperfect: *patah* -shewa vowel pattern יַקְטל
  3. Imperative: *hē* preformative restored, vowels of imperfect
  4. Infinitive: Absolute and Construct seem reversed
  5. Participle: Preformative *mem* with vowels of imperfect

II. Hiphil: Function

- A. "Causative"
  1. Intransitive verbs become transitive.
  2. Transitive verbs now can take two direct objects.
- B. Some verbs have their basic meaning in Hiphil, and are *not* causative.

Chapter 19

Niphal Conjugation (N) (see table in § 3, p. 188)

I. Niphal (N): Form

A. Perfect: preformative *nun* with *ḥireq*-shewa vowel pattern נִקְטַל

B. Imperfect

1. *Nun* assimilates => dagesh forte in first root letter

2. *Qameṣ* under first root letter

C. Imperative: *hē* (ה) replaces imperfect preformative

D. Infinitive

1. Absolute: preformative *nun* נִקְטֹל

2. Construct: same as imperative

E. Participle: preformative *nun*, *qameṣ* in pretonic

II. Function: medio-passive/reflexive of Qal

A. Passive of Qal

B. Can have a "middle" or "reflexive" sense

C. Some verbs have their base meaning in the Niphal.

Chapter 20
Pual (Dp) and Hithpael (HtD) Conjugations

I. Pual (Dp): (see table in § 2, p. 195)

A. Form: like Piel, doubled middle root letter

1. Perfect: *qibbuṣ* is striking

2. Imperfect: shewa after prefix (cf. Piel), plus *qibbuṣ*

3. Major irregular problem is II-Guttural.

a. Compensative lengthening or virtual doubling

b. Roots follow same pattern as in Piel.

B. Function: passive of Piel

II. Hithpael (HtD): (see table in § 4, p. 198)

A. Form: like Piel/Pual, doubled middle root letter ("D")

1. Distinctive prefixed syllable - הִתְ ("HtD")

2. Irregular problems

a. Major problem is II-Guttural.

b. Sibilants show metathesis of *taw* and "s" sound.

c. Assimilation of *taw* with initial dental sound

B. Function:

1. Generally reflexive of Piel

2. Sometimes reciprocal/iterative

3. Check meaning in a lexicon.

Chapter 21

Hophal Conjugation (Hp)

Hishtaphel, Qal Passive

I. Hophal (Hp): (see table in § 2, p. 205)

A. Form: characteristic *qameṣ-ḥatup̄* + shewa pattern throughout

1. Perfect: *hē* (ה) prefix + *qameṣ-ḥatup̄* + shewa

2. Imperfect: imperfect preformative replaces *hē* (ה)

B. Function: passive of Hiphil

II. Hishtaphel – only occurs with the root חוה and means "to worship"

III. Qal Passive – archaic form of which a few forms may be encountered.

IV. Qal passive participle: קָטוּל

Chapter 22
Geminate Verbs; Polel, Polal, Hithpolel; Verbal Hendiadys

I. Geminate verbs: same second and third root letter

A. No predictable pattern, therefore:

B. If verb analysis does not yield a probable root, it is likely a geminate.

II. Polel, Polal, Hithpolel

A. Equivalents of the "D" system: Piel, Pual, & Hithpael respectively

B. Especially for Hollow (also Geminate) roots: cannot double middle root letter, so final root doubles

III. Verbal Hendiadys

A. Two verbs used to express one verbal idea; first verb is a helping verb or adverb.

B. Common helping verbs and their "helping" translations

1. שׁוּב do x again
2. רבה do x greatly
3. יסף do x again / continue x-ing
4. הלך keep on x-ing

Chapter 23

Numerals

I. Hebrew numbers

A. Cardinal numbers 1–10

1. ## 1–2 agree in gender; but ## 3–10 seem "mismatched" forms (feminine form of number with masculine nouns and *vice versa*).
2. Numbers usually precede the noun (except # 1)
3. Construct form may be used; however, one should not translate simply as a construct chain.
4. "Part of . . ." is expressed using מִן .

B. Cardinal Numbers 11–99 are derived from 1–10.

1. Teens are basically the single digit followd by "ten."
2. The "tens" are the plural forms of the single digits. (but #20 = עֶשְׂרִים)

C. Cardinal Numbers 100+

1. 100, 1000, & 10,000 have their own words.
2. Large numbers = juxtaposition of smaller numbers with digit changes marked by the conjunction.

D. Singular nouns are often used with numbers.

II. Ordinal numbers (except "first")

A. Add suffixes to the cardinal numbers (masculine = ִי feminine = ִית)

B. Function as attributive adjectives

Chapter 24
Masoretic Accents and Spelling
Sentence Syntax

I. Masoretic Accents

A. *Sôp̄ Pāsûq*: "end of verse"

B. *Sillûq:* accented syllable on last word of verse

C. *ʾaṯnāḥ* divides verses into two major syntactic units

D. Other disjunctives further subdivide verses into syntactic units

II. Masoretic Spelling

A. Defective: loss of mater letter

B. Plene: full spelling with mater letter

C. *Keṯîḇ :* consonantal text as "written"

D. *Qerê :* vocalization of what was "read"

III. Sentence Syntax

A. Waw Conjunctive: sequential sentences, often *waw* not simply "and."

B. Waw Disjunctive: waw consecutive broken for background information or emphasis

C. Imperative sequences:

1. Impv . . . Impv = two imperatives
2. Impv . . . Pf waw consecutive = sequential imperative
3. Impv (jussive/cohortative) . . . Impf *without* waw consecutive = purpose / result clause

D. Use of הִנֵּה

1. Calls attention to situation at hand
2. With נָא־, can show connection between clause

FUNDAMENTAL BIBLICAL ARAMAIC

Exercises

The exercises in this workbook reproduce the exercises in the chapters of *Fundamental Biblical Aramaic* with supplements. More space is provided for writing out the exercises. The exercises that do not appear in *Fundamental Biblical Aramaic* are marked with an asterisk.

Exercises, Chapter 3

For each word in the vocabulary identify the reason for the phonological differences (consonant and/or vowels) from its Hebrew cognate.

אֱנָשׁ

אָע

אֲרַע

גְּבַר

דְּהַב

דָּר

זְרַע

חֲמַר

טָב

כָּהֵן

כְּסַף

לָא

מְאָה

נְבִיא

נְהַר

סְפַר

עֲבֵד

עֲבַר

עָלַם

עֲנַף

עְשַׂב

עְשַׂר

פְּשַׁר

צְלֵם

קְדָם

קָל

רֵאשׁ

שְׁבַע

שְׁלָם

שְׁנָה

תוב

תּוּר

תְּלָת

Exercises, Chapter 4

***Decline the following nouns**

		masculine	*feminine*
singular	absolute	נוּר	קִרְיָה
	construct		
	determined		
plural	absolute		
	construct		
	determined		

***Decline the following adjective**

		masculine	*feminine*
singular	absolute	שַׂגִּיא	
	construct		
	determined		
plural	absolute		
	construct		
	determined		

***Decline the following adjective**

		masculine	*feminine*
singular	absolute	טַב	
	construct		
	determined		
plural	absolute		
	construct		
	determined		

Translate

1. אֱלָהּ אֱלָהִין (Dan 2:47)

2. מָרֵא מַלְכִין (Dan 2:47)

3. מַלְכָּא דִּי בָבֶל (Ezra 5:13)

4. טְעֵם בֵּית־אֱלָהָא (Ezra 6:3)

5. גּוֹא אַרְעָא (Dan 4:7)

6. גּוֹא־אַתּוּן נוּרָא (Dan 3:7)

7. הֵיכְלָא דִּי בָבֶל (Ezra 5:14)

8. חַכִּימֵי בָבֶל (Dan 2:18)

9 כָּל חַכִּימֵי מַלְכָּא (Dan 5:8)

10. דְּהַב טָב (Dan 2:32)

11. צְלֵם חַד שַׂגִּיא (Dan 2:31)

12. אֱלָהֵי דַּהֲבָא וְכַסְפָּא נְחָשָׁא פַּרְזְלָא אָעָא וְאַבְנָא (Dan 5:4)

13. דָּתָא דִּי־אֱלָהּ שְׁמַיָּא (Ezra 7:12)

Exercises, Chapter 5

***Write the following nouns with the pronominal suffixes**

Singular Nouns

	Masculine	*Feminine*
No suffix	חֵלֶם	חָכְמָה
1cs		
2ms		
3ms		
3fs		
1cp		
2mp		
3mp		
3fp		

	Plural Nouns	
	Masculine	*Feminine*
No suffix	אֱלָהִין	מְדִנָן
1cs		
2ms		
3ms		
3fs		
1cp		
2mp		
3mp		
3fp		

Translate

Note the following proper nouns:
אַרְתַּחְשַׁשְׂתְּא–Artaxerxes דָּרְיָוֶשׁ–Darius פָּרָס–Persia שָׁמְרָיִן–Samaria

1. בְּנֵיהוֹן וּנְשֵׁיהוֹן (Dan 6:25)
   [נְשִׁין = wives]

2. חֶלְמָךְ וְחֶזְוֵי רֵאשָׁךְ עַל־מִשְׁכְּבָךְ (Dan 2:28)

3. בִּסְפַר־דָּכְרָנַיָּא דִּי אֲבָהָתָךְ (Ezra 4:15)
[דִּכְרוֹן = record, memorandum, report]

4. תְּנֻד חֵיוְתָא מִן־תַּחְתּוֹהִי וְצִפְּרַיָּא מִן־עַנְפּוֹהִי (Dan 4:11)
[תְּנֻד = let them flee; צִפַּר = bird]

5. נִדְבָּכִין דִּי־אֶבֶן גְּלָל תְּלָתָא וְנִדְבָּךְ דִּי־אָע חֲדַת (Ezra 6:4)
[נִדְבַּךְ = course of stones or timber; גְּלָל = rolled, hewn]

6. בְּקִרְיָה דִּי שָׁמְרָיִן וּשְׁאָר עֲבַר־נַהֲרָה (Ezra 4:10)

7. אִגְּרָה חֲדָה עַל־יְרוּשְׁלֶם לְאַרְתַּחְשַׁשְׁתְּא מַלְכָּא (Ezra 4:8)
[אִגְּרָה = letter]

8. עֲבִידַת בֵּית־אֱלָהָא דִּי בִירוּשְׁלֶם (Ezra 4:24)
[עֲבִידָה = work]

9. עַד שְׁנַת תַּרְתֵּין לְמַלְכוּת דָּרְיָוֶשׁ מֶלֶךְ־פָּרָס (Ezra 4:24)
[תַּרְתֵּין = second]

10. לְחַיֵּי מַלְכָּא וּבְנוֹהִי (Ezra 6:10)

11. מַלְכוּ אָחֳרִי אֲרַעא מִנָּךְ (Dan 2:39)

12. לְגֹב אַרְיָוָתָא (Dan 6:8)

13. וּכְעַן הֵן עַל־מַלְכָּא טָב (Ezra 5:17)

14. רוּחַ־אֱלָהִין קַדִּישִׁין בֵּהּ (Dan 4:5)

Exercises, Chapter 6

A. Conjugate the verbs בטל and שׁלט in the G perfect.

	singular	plural
3rd person masculine	בְּטֵל	
3rd person feminine		
2nd person masculine		
1st person common		

	singular	plural
3rd person masculine	שְׁלֵט	
3rd person feminine		
2nd person masculine		
1st person common		

*Conjugate the following verbs in the G perfect

	singular	plural
3rd person masculine	סְגִד	
3rd person feminine		
2nd person masculine		
1st person common		

	singular	plural
3rd person masculine	שְׁלִם	
3rd person feminine		
2nd person masculine		
1st person common		

B. Translate.

1. בֵּאדַיִן בְּטֵלַת עֲבִידַת בֵּית־אֱלָהָא דִּי בִּירוּשְׁלֶם (Ezra 4:24)

2. וְלָךְ טָרְדִין מִן־אֲנָשָׁא (Dan 4:22)

3. בַּהּ־שַׁעֲתָה נְפַקָה אֶצְבְּעָן דִּי יַד־אֱנָשׁ וְכָתְבָן לָקֳבֵל נֶבְרַשְׁתָּא עַל־גִּירָא (Dan 5:5)
דִּי־כְתַל הֵיכְלָא דִּי מַלְכָּא
[אֶצְבַּע = finger, toe; נֶבְרְשָׁה = lampstand; גִּיר = plaster; כְּתַל = wall]

4. בֵּאדַיִן מַלְכָּא נְבוּכַדְנֶצַּר נְפַל עַל־אַנְפּוֹהִי וּלְדָנִיֵּאל סְגִד (Dan 2:46)
[אֲנַף = face; נְבוּכַדְנֶצַּר = Nebuchadnezzar]

5. יְהוּדָיֵא דִּי סְלִקוּ מִן־לְוָתָךְ עֲלֶינָא (Ezra 4:12)
[יְהוּדָי = Judean, Jew; לְוָת = near, beside]

6. לָא־שְׁלֵט נוּרָא בְּגֶשְׁמְהוֹן (Dan 3:27)

7. שְׁלִטוּ בְהוֹן אַרְיָוָתָא (Dan 6:25)

8. שַׁלִּיט עִלָּיָא בְּמַלְכוּת אֲנָשָׁא (Dan 4:22)

9. פַּרְשֶׁגֶן אִגַּרְתָּא דִּי־שְׁלַח תַּתְּנַי פַּחַת עֲבַר־נַהֲרָה (Ezra 5:6)
[פַּרְשֶׁגֶן = copy; אִגְּרָה = letter; תַּתְּנַי = proper name]

Exercises, Chapter 7

***Conjugate the following verbs in the G perfect**

	singular	plural
3rd person masculine	אֲזַל	
3rd person feminine		
2nd person masculine		
1st person common		

	singular	plural
3rd person masculine	שָׂם (root = שׂים)	
3rd person feminine		
2nd person masculine		
1st person common		

	singular	plural
3rd person masculine	רְמָה	
3rd person feminine		
2nd person masculine		
1st person common		

	singular	plural
3rd person masculine	שְׁנָה	
3rd person feminine		
2nd person masculine		
1st person common		

Translate

1. אֱלָהַיָּא דִּי־שְׁמַיָּא וְאַרְקָא לָא עֲבַדוּ (Jer 10:11)

2. אֱדַיִן מִן־דִּי פַּרְשֶׁגֶן נִשְׁתְּוָנָא דִּי אַרְתַּחְשַׁשְׂתְּ מַלְכָּא קֱרִי קֳדָם־רְחוּם (Ezra 4:23)
וְשִׁמְשַׁי סָפְרָא וּכְנָוָתְהוֹן אֲזַלוּ בִבְהִילוּ לִירוּשְׁלֶם עַל־יְהוּדָיֵא
[פַּרְשֶׁגֶן = copy; נִשְׁתְּוָן = letter; רְחוּם, שִׁמְשַׁי = proper names; בְּהִילוּ = haste]

3. וְדָנִיֵּאל עַל וּבְעָה מִן־מַלְכָּא (Dan 2:16)

4. בֵּאדַיִן דָּקוּ כַחֲדָה פַּרְזְלָא חַסְפָּא נְחָשָׁא כַּסְפָּא וְדַהֲבָא וַהֲווֹ כְּעוּר מִן־אִדְּרֵי־קַיִט (Dan 2:35)

[עוּר = chaff; אִדַּר = threshing floor; קַיִט = summer]

5. בְּנֵי־אֲנָשָׁא חֵיוַת בָּרָא וְעוֹף־שְׁמַיָּא יְהַב בִּידָךְ (Dan 2:38)

6. כֹּלָּא מְטָא עַל־נְבוּכַדְנֶצַּר מַלְכָּא (Dan 4:25)

7. נְבוּכַדְנֶצַּר מַלְכָּא מַלְכוּתָה עֲדָת מִנָּךְ (Dan 4:28)

8. הֲלָא גֻבְרִין תְּלָתָא רְמֵינָא לְגוֹא־נוּרָא (Dan 3:24)

9. וּמֶ֫לֶךְ לְיִשְׂרָאֵל רַב בְּנָהִי (Ezra 5:11)

10. אֱדַ֫יִן מַלְכָּא זִיוֹהִי שְׁנוֹהִי (Dan 5:6)

Exercises, Chapter 8

A. Conjugate סגד in the G imperfect.

	Singular	Plural
3rd person masculine		
3rd person feminine		
2nd person masculine		
1st person common		

*Conjugate the following verbs in the G imperfect

לבשׁ

	Singular	Plural
3rd person masculine		
3rd person feminine		
2nd person masculine		
1st person common		

קרב

	Singular	Plural
3rd person masculine		
3rd person feminine		
2nd person masculine		
1st person common		

שלט

	Singular	Plural
3rd person masculine		
3rd person feminine		
2nd person masculine		
1st person common		

B. Translate:

1. רְבָה אִילָנָא וּתְקִף (Dan 4:8)

2. בֵּאדַיִן דָּרְיָוֶשׁ מַלְכָּא שָׂם טְעֵם (Ezra 6:1)

3. לָא־יִפְלְחוּן וְלָא־יִסְגְּדוּן לְכָל־אֱלָהּ לָהֵן לֵאלָהֲהוֹן (Dan 3:28)

4. שְׁמָהָתְהֹם שְׁאֵלְנָא לְהֹם (Ezra 5:10)

5. וּמַלְכִין תַּקִּיפִין הֲווֹ עַל־יְרוּשְׁלֶם וְשַׁלִּיטִין בְּכֹל עֲבַר נַהֲרָה (Ezra 4:20)

6. ארְגְּוָנָא תִלְבַּשׁ וְהַמּוֹנְכָא דִי־דַהֲבָא עַל־צַוְּארָךְ וְתַלְתָּא בְמַלְכוּתָא תִּשְׁלַט (Dan 5:16)

[אַרְגְּוָן = purple (clothing); הַמּוּנָךְ = necklace; צַוַּאר = neck]

7. וְדָנִיֵּאל עַל וּבְעָה מִן־מַלְכָּא דִּי זְמָן יִנְתֵּן־לֵהּ (Dan 2:16)

8. וּבְעַנְפוֹהִי יִשְׁכְּנָן צִפֲּרֵי שְׁמַיָּא (Dan 4:18)

9. בֵּאדַיִן דָּרְיָוֶשׁ מַלְכָּא כְּתַב לְכָל־עַמְמַיָּא אֻמַּיָּא וְלִשָּׁנַיָּא (Dan 6:26)

10. וַאֲרוּ חֵיוָה רְבִיעָיָה דְּחִילָה וְאֵימְתָנִי וְתַקִּיפָא יַתִּירָא וְשִׁנַּיִן דִּי־פַרְזֶל לַהּ רַבְרְבָן: (Dan 7:7)
[שֵׁן = tooth]

Exercises, Chapter 9

1. עַד דִּי־אֲתָה עַתִּיק יוֹמַיָּא וְדִינָא יְהִב לְקַדִּישֵׁי עֶלְיוֹנִין (Dan 7:22)
   [עַתִּיק = ancient]

2. וּבָתְרָךְ תְּקוּם מַלְכוּ אָחֳרִי אֲרַעא מִנָּךְ וּמַלְכוּ תְלִיתָיָא אָחֳרִי דִּי נְחָשָׁא דִּי (Dan 2:39)
   תִשְׁלַט בְּכָל־אַרְעָא׃

3. וְעָפְיֵהּ שַׁפִּיר וְאִנְבֵּהּ שַׂגִּיא וּמָזוֹן לְכֹלָּא־בֵהּ תְּחֹתוֹהִי תְּדוּר חֵיוַת בָּרָא (Dan 4:18)
   וּבְעַנְפוֹהִי יִשְׁכְּנָן צִפְּרֵי שְׁמַיָּא׃
   [שַׁפִּיר = beautiful; אֵב = fruit; מָזוֹן = food]

4. וְעַתִּיק יוֹמִין יְתִב (Dan 7:9)

5. וְשִׁבְעָה עִדָּנִין יַחְלְפוּן עֲלָךְ עַד דִּי־תִנְדַּע דִּי־שַׁלִּיט עִלָּיָא בְּמַלְכוּת אֲנָשָׁא וּלְמַן־דִּי יִצְבֵּא יִתְּנִנַּהּ (Dan 4:22)

[שִׁבְעָה = seven]

6. דָּנִיֵּאל דִּי מִן־בְּנֵי גָלוּתָא דִּי יְהוּד לָא־שָׂם עֲלָךְ מַלְכָּא טְעֵם וְעַל־אֱסָרָא דִּי רְשַׁמְתָּ (Dan 6:14)

[גָּלוּ = exile; יְהוּד = (province of) Judah]

7. לְמָה לֶהֱוֵא קְצַף עַל־מַלְכוּת מַלְכָּא וּבְנוֹהִי (Ezra 7:23)

[קְצַף = wrath]

Exercises, Chaper 10

A. Conjugate סגד in the G participle, passive participle, imperative and infinitive.

Participle	*masculine*	*feminine*
singular		
plural		

Passive particple	*masculine*	*feminine*
singular		
plural		

Imperative	*masculine*	*feminine*
singular		
plural		

Infinitive	

*Conjugate the following verbs in the G particple, passive participle, imperative and infinitive.

עבד

Participle	*masculine*	*feminine*
singular		
plural		

Passive particple	*masculine*	*feminine*
singular		
plural		

Imperative	*masculine*	*feminine*
singular		
plural		

Infinitive	

כהל

Participle	*masculine*	*feminine*
singular		
plural		

Passive particple	*masculine*	*feminine*
singular		
plural		

Imperative	*masculine*	*feminine*
singular		
plural		

Infinitive	

קרב

Participle	*masculine*	*feminine*
singular		
plural		

Passive particple	*masculine*	*feminine*
singular		
plural		

Imperative	*masculine*	*feminine*
singular		
plural		

Infinitive	

B. Translate

1. בֵּלְשַׁאצַּר מַלְכָּא עֲבַד לְחֶם רַב לְרַבְרְבָנוֹהִי אֲלַף וְלָקֳבֵל אַלְפָּא (Dan 5:1)
חַמְרָא שָׁתֵה׃

[לְחֶם = feast; אֲלַף = thousand]

2. וְחֶזְוֵי רֵאשִׁי עַל־מִשְׁכְּבִי חָזֵה הֲוֵית וַאֲלוּ אִילָן בְּגוֹא אַרְעָא וְרוּמֵהּ שַׂגִּיא׃ (Dan 4:7)

3. וּמִן־רְבוּתָא דִּי יְהַב־לֵהּ כֹּל עַמְמַיָּא אֻמַיָּא וְלִשָּׁנַיָּא הֲווֹ זָאֲעִין וְדָחֲלִין (Dan 5:19)
מִן־קֳדָמוֹהִי דִּי־הֲוָה צָבֵא הֲוָא קָטֵל וְדִי־הֲוָה צָבֵא הֲוָה מַחֵא

[זוע = tremble]

4. חָזֵה הֲוֵית בְּחֶזְוֵי רֵאשִׁי עַל־מִשְׁכְּבִי וַאֲלוּ עִיר וְקַדִּישׁ מִן־שְׁמַיָּא נָחִת׃ (Dan 4:10)

[עִיר = watcher]

5. וְדִי אֲמַרוּ לְמִשְׁבַּק עִקַּר שָׁרְשׁוֹהִי דִּי אִילָנָא מַלְכוּתָךְ לָךְ קַיָּמָה מִן־דִּי (Dan 4:23–25)
תִנְדַּע דִּי שַׁלִּטִן שְׁמַיָּא׃ לָהֵן מַלְכָּא מִלְכִּי יִשְׁפַּר עֲלַיִךְ וַחֲטָיָךְ בְּצִדְקָה
פְּרֻק וַעֲוָיָתָךְ בְּמִחַן עֲנָיִן הֵן תֶּהֱוֵא אַרְכָה לִשְׁלֵוְתָךְ׃ כֹּלָּא מְטָא
עַל־נְבוּכַדְנֶצַּר מַלְכָּא׃

[עִקַּר = root, stump; שֹׁרֶשׁ = root; לָהֵן = therefore; מְלַךְ = advice; שׁפר = please, seem good; חֲטָי = sin; צִדְקָה = righteousness; פרק = tear away; עֲוָיָה = iniquity; עֲנֵה = poor, needy; אַרְכָה = lengthening; שְׁלֵוָה = ease, prosperity]

6. (Ezra 4:12) יְדִיעַ לֶהֱוֵא לְמַלְכָּא דִּי יְהוּדָיֵא דִּי סְלִקוּ מִן־לְוָתָךְ עֲלֶינָא אֲתוֹ לִירוּשְׁלֶם
קִרְיְתָא מָרָדְתָּא וּבִאישְׁתָּא בָּנַיִן

7. (Dan 3:9) עֲנוֹ וְאָמְרִין לִנְבוּכַדְנֶצַּר מַלְכָּא מַלְכָּא לְעָלְמִין חֱיִי׃

8. (Dan 3/26) בֵּאדַיִן קְרֵב נְבוּכַדְנֶצַּר לִתְרַע אַתּוּן נוּרָא יָקִדְתָּא עָנֵה וְאָמַר שַׁדְרַךְ מֵישַׁךְ
וַעֲבֵד־נְגוֹ עַבְדוֹהִי דִּי־אֱלָהָא עִלָּיָא פֻּקוּ וֶאֱתוֹ בֵּאדַיִן נָפְקִין שַׁדְרַךְ מֵישַׁךְ
וַעֲבֵד נְגוֹ מִן־גּוֹא נוּרָא׃

[תְּרַע = gate, door]

Exercises, Chapter 11

1. כְּעַן תַּתְּנַי פַּחַת עֲבַר־נַהֲרָה שְׁתַר בּוֹזְנַי וּכְנָוָתְהוֹן אֲפַרְסְכָיֵא דִּי בַּעֲבַר (Ezra 6:6–7)
נַהֲרָה רַחִיקִין הֲווֹ מִן־תַּמָּה׃ שְׁבֻקוּ לַעֲבִידַת בֵּית־אֱלָהָא דֵךְ פַּחַת
יְהוּדָיֵא וּלְשָׂבֵי יְהוּדָיֵא בֵּית־אֱלָהָא דֵךְ יִבְנוֹן עַל־אַתְרֵהּ׃
[אֲפַרְסְכָי = a type of official; רַחִיק = far; תַּמָּה = there]

2. כִּדְנָה תֵּאמְרוּן לְהוֹם אֱלָהַיָּא דִּי־שְׁמַיָּא וְאַרְקָא לָא עֲבַדוּ יֵאבַדוּ מֵאַרְעָא (Jer 10:11)
וּמִן־תְּחוֹת שְׁמַיָּא אֵלֶּה׃

3. אַנְתְּ מַלְכָּא חָזֵה הֲוַיְתָ וַאֲלוּ צְלֵם חַד שַׂגִּיא צַלְמָא דִּכֵּן רַב וְזִיוֵהּ יַתִּיר (Dan 2/31–33)
קָאֵם לְקָבְלָךְ וְרֵוֵהּ דְּחִיל׃ הוּא צַלְמָא רֵאשֵׁהּ דִּי־דְהַב טָב חֲדוֹהִי
וּדְרָעוֹהִי דִּי כְסַף מְעוֹהִי וְיַרְכָתֵהּ דִּי נְחָשׁ׃ שָׁקוֹהִי דִּי פַרְזֶל רַגְלוֹהִי
מִנְּהֵין דִּי פַרְזֶל וּמִנְּהֵין דִּי חֲסַף׃
[רֵו = appearance; חֲדֵה = chest; דְּרָע = arm; מְעֵה = belly; יַרְכָה = upper thigh;
שָׁק = leg;]

4. (Dan 3/14) עָנֵה נְבֻכַדְנֶצַּר וְאָמַר לְהוֹן הַצְדָּא שַׁדְרַךְ מֵישַׁךְ וַעֲבֵד נְגוֹ לֵאלָהַי לָא
אִיתֵיכוֹן פָּלְחִין

[צְדָא = it is true]

5. (Ezra 5:4) אֱדַיִן כְּנֵמָא אֲמַרְנָא לְּהֹם מַן־אִנּוּן שְׁמָהָת גֻּבְרַיָּא דִּי־דְנָה בִנְיָנָא בָּנַיִן׃
[בִּנְיָה = building]

6. (Dan 2:47) עָנֵה מַלְכָּא לְדָנִיֵּאל וְאָמַר מִן־קְשֹׁט דִּי אֱלָהֲכוֹן הוּא אֱלָהּ אֱלָהִין וּמָרֵא
מַלְכִין וְגָלֵה רָזִין דִּי יְכֵלְתָּ לְמִגְלֵא רָזָה דְנָה׃

[קְשֹׁט = truth]

Exercises, Chapter 12

A. Conjugate the verb בטל in the D stem.

Perfect

	Singular	Plural
3rd person masculine		
3rd person feminine		
2nd person masculine		
1st person common		

Imperfect

	Singular	Plural
3rd person masculine		
3rd person feminine		
2nd person masculine		
1st person common		

Participle

	masculine	*feminine*
singular		
plural		

Imperative	*masculine*	*feminine*
singular		
plural		

Infinitive Absolute	
Infinitive Construct	

*Conjugate the following verbs in the D stem.

בקר

Perfect

	Singular	Plural
3rd person masculine		
3rd person feminine		
2nd person masculine		
1st person common		

Imperfect

	Singular	Plural
3rd person masculine		
3rd person feminine		
2nd person masculine		
1st person common		

Participle	*masculine*	*feminine*
singular		
plural		

Imperative	*masculine*	*feminine*
singular		
plural		

Infinitive Absolute	
Infinitive Construct	

קטל

Perfect

	Singular	Plural
3rd person masculine		
3rd person feminine		
2nd person masculine		
1st person common		

Imperfect

	Singular	Plural
3rd person masculine		
3rd person feminine		
2nd person masculine		
1st person common		

Participle

	masculine	*feminine*
singular		
plural		

Imperative	*masculine*	*feminine*
singular		
plural		

Infinitive Absolute	
Infinitive Construct	

B. Translate

1. אֱדַיִן מִן־דִּי פַּרְשֶׁגֶן נִשְׁתְּוָנָא דִּי אַרְתַּחְשַׁשְׂתְּא מַלְכָּא קֱרִי קֳדָם־רְחוּם (Ezra 4:23)
וְשִׁמְשַׁי סָפְרָא וּכְנָוָתְהוֹן אֲזַלוּ בִבְהִילוּ לִירוּשְׁלֶם עַל־יְהוּדָיֵא וּבַטִּלוּ
הִמּוֹ בְּאֶדְרָע וְחָיִל׃

2. הוּא גָּלֵא עַמִּיקָתָא וּמְסַתְּרָתָא יָדַע מָה בַחֲשׁוֹכָא וּנְהִירָא עִמֵּהּ שְׁרֵא׃ (Dan 2:22)
[עַמִּיק = deep; סתר = hide; חֲשׁוֹךְ = darkness; נְהִיר = light]

3. בֵּאדַיִן מַלְכָּא נְבוּכַדְנֶצַּר נְפַל עַל־אַנְפּוֹהִי וּלְדָנִיֵּאל סְגִד וּמִנְחָה וְנִיחֹחִין (Dan 2:46)
אֲמַר לְנַסָּכָה לֵהּ׃

[נִיחֹחַ = incense; נסך = offer]

4. (Ezra 6:13) אֱדַיִן תַּתְּנַי פַּחַת עֲבַר־נַהֲרָה שְׁתַר בּוֹזְנַי וּכְנָוָתְהוֹן לָקֳבֵל דִּי־שְׁלַח דָּרְיָוֶשׁ מַלְכָּא כְּנֵמָא אָסְפַּרְנָא עֲבַדוּ׃

5. (Ezra 5:13) בְּרַם בִּשְׁנַת חֲדָה לְכוֹרֶשׁ מַלְכָּא דִּי בָבֶל כּוֹרֶשׁ מַלְכָּא שָׂם טְעֵם בֵּית־אֱלָהָא דְנָה לִבְּנֵא׃

6. (Dan 2:8) עָנֵה מַלְכָּא וְאָמַר מִן־יַצִּיב יָדַע אֲנָה דִּי עִדָּנָא אַנְתּוּן זָבְנִין כָּל־קֳבֵל דִּי חֲזֵיתוֹן דִּי אַזְדָּא מִנִּי מִלְּתָא׃

[אַזְדָּא = sure, certain]

7. (Dan 4:28) עוֹד מִלְּתָא בְּפֻם מַלְכָּא קָל מִן־שְׁמַיָּא נְפַל לָךְ אָמְרִין נְבוּכַדְנֶצַּר מַלְכָּא מַלְכוּתָה עֲדָת מִנָּךְ׃

8. פִּתְגָמָא שְׁלַח מַלְכָּא עַל־רְחוּם בְּעֵל־טְעֵם וְשִׁמְשַׁי סָפְרָא וּשְׁאָר כְּנָוָתְהוֹן (Ezra 4:17)
דִּי יָתְבִין בְּשָׁמְרָיִן וּשְׁאָר עֲבַר־נַהֲרָה שְׁלָם וּכְעֶת׃

[בְּעֵל־טְעֵם = chief officer; כְּעֶת, כְּעֶנֶת = now]

Exercises, Chapter 13

1. חֵלֶם חֲזֵית וִידַחֲלִנַּנִי וְהַרְהֹרִין עַל־מִשְׁכְּבִי וְחֶזְוֵי רֵאשִׁי יְבַהֲלֻנַּנִי׃ (Dan 4:2)
[הַרְהֹר = image]

2. כָּל־קֳבֵל דִּי מִן־קֳדָם מַלְכָּא וְשִׁבְעַת יָעֲטֹהִי שְׁלִיחַ לְבַקָּרָא עַל־יְהוּד (Ezra 7:14)
וְלִירוּשְׁלֶם בְּדָת אֱלָהָךְ דִּי בִידָךְ׃
[יעט = advise]

3. אֱדַיִן דָּנִיֵּאל עִם־מַלְכָּא מַלִּל מַלְכָּא לְעָלְמִין חֱיִי׃ (Dan 6:22)

4. וְלָךְ טָרְדִין מִן־אֲנָשָׁא וְעִם־חֵיוַת בָּרָא לֶהֱוֵה מְדֹרָךְ וְעִשְׂבָּא כְתוֹרִין לָךְ (Dan 4:22)
יְטַעֲמוּן וּמִטַּל שְׁמַיָּא לָךְ מְצַבְּעִין וְשִׁבְעָה עִדָּנִין יַחְלְפוּן עֲלַיִךְ עַד
דִּי־תִנְדַּע דִּי־שַׁלִּיט עִלָּיָא בְּמַלְכוּת אֲנָשָׁא וּלְמַן־דִּי יִצְבֵּא יִתְּנִנַּהּ׃
[טעם = feed; חלף = pass over]

5. בֵּאדַיִן קָמוּ זְרֻבָּבֶל בַּר־שְׁאַלְתִּיאֵל וְיֵשׁוּעַ בַּר־יוֹצָדָק וְשָׁרִיו לְמִבְנֵא בֵּית (Ezra 5:2)
אֱלָהָא דִּי בִירוּשְׁלֶם וְעִמְּהוֹן נְבִיַּאיָּא דִי־אֱלָהָא מְסַעֲדִין לְהוֹן׃

[סעד = support]

6. וּמִלְּתָא דִי־מַלְכָּה שָׁאֵל יַקִּירָה וְאָחֳרָן לָא אִיתַי דִּי יְחַוִּנַּהּ קֳדָם מַלְכָּא לָהֵן (Dan 2:11)
אֱלָהִין דִּי מְדָרְהוֹן עִם־בִּשְׂרָא לָא אִיתוֹהִי׃

[מדוֹר = dwelling; בְּשַׂר = flesh, humans]

7. כָּל־קֳבֵל דְּנָה בֵּהּ־זִמְנָא קְרִבוּ גֻּבְרִין כַּשְׂדָּאִין וַאֲכַלוּ קַרְצֵיהוֹן דִּי יְהוּדָיֵא׃ (Dan 3:8)

[קְרַץ = piece]

Exercises, Chapter 14

A. Conjugate the verb קרב in the H (hafel) stem.

Perfect

	Singular	Plural
3rd person masculine		
3rd person feminine		
2nd person masculine		
1st person common		

Imperfect

	Singular	Plural
3rd person masculine		
3rd person feminine		
2nd person masculine		
1st person common		

Participle

	masculine	*feminine*
singular		
plural		

Imperative	*masculine*	*feminine*
singular		
plural		

Infinitive Absolute	
Infinitive Construct	

*Conjugate the verb טלשׁ in the H (Hafel) stem.

Perfect

	Singular	Plural
3rd person masculine		
3rd person feminine		
2nd person masculine		
1st person common		

Imperfect

	Singular	Plural
3rd person masculine		
3rd person feminine		
2nd person masculine		
1st person common		

Participle	*masculine*	*feminine*
singular		
plural		

Imperative	*masculine*	*feminine*
singular		
plural		

Infinitive Absolute	
Infinitive Construct	

B. Translate

1. אֱדַיִן סָרְכַיָּא וַאֲחַשְׁדַּרְפְּנַיָּא אִלֵּן הַרְגִּשׁוּ עַל־מַלְכָּא וְכֵן אָמְרִין לֵהּ דָּרְיָוֶשׁ (Dan 6:7)
מַלְכָּא לְעָלְמִין חֱיִי׃

[רגשׁ = rush in (?), conspire (?)]

2. בֵּהּ־זִמְנָא אֲתָא עֲלֵיהוֹן תַּתְּנַי פַּחַת עֲבַר־נַהֲרָה וּשְׁתַר בּוֹזְנַי וּכְנָוָתְהוֹן וְכֵן (Ezra 5:3)
אָמְרִין לְהֹם מַן־שָׂם לְכֹם טְעֵם בַּיְתָא דְנָה לִבְּנֵא וְאֻשַּׁרְנָא דְנָה לְשַׁכְלָלָה׃

[אֻשַּׁרְנָא = beam, structure]

3. חָזֵה הֲוֵית בְּחֶזְוֵי לֵילְיָא וַאֲרוּ עִם־עֲנָנֵי שְׁמַיָּא כְּבַר אֱנָשׁ אָתֵה הֲוָה (Dan 7:13)
וְעַד־עַתִּיק יוֹמַיָּא מְטָה וּקְדָמוֹהִי הַקְרְבוּהִי׃
[עֲנָן = cloud]

4. אֱדַיִן מַלְכָּא לְדָנִיֵּאל רַבִּי וּמַתְּנָן רַבְרְבָן שַׂגִּיאָן יְהַב־לֵהּ וְהַשְׁלְטֵהּ עַל (Dan 2:48)
כָּל־מְדִינַת בָּבֶל וְרַב־סִגְנִין עַל כָּל־חַכִּימֵי בָבֶל׃

5. הֵן אִיתַי אֱלָהַנָא דִּי־אֲנַחְנָא פָלְחִין יָכִל לְשֵׁיזָבוּתַנָא מִן־אַתּוּן נוּרָא יָקִדְתָּא (Dan 3:17)
וּמִן־יְדָךְ מַלְכָּא יְשֵׁיזִב׃

6. מַלְכְּתָא לָקֳבֵל מִלֵּי מַלְכָּא וְרַבְרְבָנוֹהִי לְבֵית מִשְׁתְּיָא עַלַּלַת עֲנָת מַלְכְּתָא (Dan 5:10)
וַאֲמֶרֶת מַלְכָּא לְעָלְמִין חֱיִי אַל־יְבַהֲלוּךְ רַעְיוֹנָךְ וְזִיוָיךְ אַל־יִשְׁתַּנּוֹ
[מִשְׁתֵּא = feast, banquet]

7. עָנֵה וְאָמַר הָא־אֲנָה חָזֵה גֻּבְרִין אַרְבְּעָה שְׁרַיִן מַהְלְכִין בְּגוֹא־נוּרָא וַחֲבָל (Dan 3:25)
לָא־אִיתַי בְּהוֹן וְרֵוֵהּ דִּי רְבִיעָיָא דָּמֵה לְבַר־אֱלָהִין׃
[הָא = behold, look; חֲבָל = hurt, harm;]

Exercises, Chapter 15

Translate:

1. (Dan 6:6) אֱדַיִן גֻּבְרַיָּא אִלֵּךְ אָמְרִין דִּי לָא נְהַשְׁכַּח לְדָנִיֵּאל דְּנָה כָּל־עִלָּא לָהֵן
הַשְׁכַּחְנָה עֲלוֹהִי בְּדָת אֱלָהֵהּ׃

2. (Ezra 6:13–18) אֱדַיִן תַּתְּנַי פַּחַת עֲבַר־נַהֲרָה שְׁתַר בּוֹזְנַי וּכְנָוָתְהוֹן לָקֳבֵל דִּי־שְׁלַח דָּרְיָוֶשׁ
מַלְכָּא כְּנֵמָא אָסְפַּרְנָא עֲבַדוּ׃ וְשָׂבֵי יְהוּדָיֵא בָּנַיִן וּמַצְלְחִין בִּנְבוּאַת חַגַּי
נְבִיָּא וּזְכַרְיָה בַּר־עִדּוֹא וּבְנוֹ וְשַׁכְלִלוּ מִן־טַעַם אֱלָהּ יִשְׂרָאֵל וּמִטְּעֵם כּוֹרֶשׁ
וְדָרְיָוֶשׁ וְאַרְתַּחְשַׁשְׂתְּא מֶלֶךְ פָּרָס׃ וְשֵׁיצִיא בַּיְתָה דְנָה עַד יוֹם תְּלָתָה לִירַח
אֲדָר דִּי־הִיא שְׁנַת־שֵׁת לְמַלְכוּת דָּרְיָוֶשׁ מַלְכָּא׃ וַעֲבַדוּ בְנֵי־יִשְׂרָאֵל כָּהֲנַיָּא
וְלֵוָיֵא וּשְׁאָר בְּנֵי־גָלוּתָא חֲנֻכַּת בֵּית־אֱלָהָא דְנָה בְּחֶדְוָה׃ וְהַקְרִבוּ לַחֲנֻכַּת
בֵּית־אֱלָהָא דְנָה תּוֹרִין מְאָה דִּכְרִין מָאתַיִן אִמְּרִין אַרְבַּע מְאָה וּצְפִירֵי
עִזִּין לְחַטָּאָה עַל־כָּל־יִשְׂרָאֵל תְּרֵי־עֲשַׂר לְמִנְיָן שִׁבְטֵי יִשְׂרָאֵל׃ וַהֲקִימוּ
כָהֲנַיָּא בִּפְלֻגָּתְהוֹן וְלֵוָיֵא בְּמַחְלְקָתְהוֹן עַל־עֲבִידַת אֱלָהָא דִּי בִירוּשְׁלֶם
כִּכְתָב סְפַר מֹשֶׁה׃

[צלח = prosper; יְרַח = month; חֲנֻכָּה = dedication; חֶדְוָה = joy; דְּכַר = ram; אִמַּר = lamb; צְפִיר = male goat; עֵז = goat; חַטָּאָה = sin offering; מִנְיָן = number; שְׁבַט = tribe; פְּלֻגָּה = division; מַחְלְקָה = division; grouping]

(Dan 7:16–21) 3. קִרְבֵת עַל־חַד מִן־קָֽאֲמַיָּא וְיַצִּיבָא אֶבְעֵא־מִנֵּהּ עַל־כָּל־דְּנָה וַאֲמַר־לִי
וּפְשַׁר מִלַּיָּא יְהוֹדְעִנַּנִי׃ אִלֵּין חֵיוָתָא רַבְרְבָתָא דִּי אִנִּין אַרְבַּע אַרְבְּעָה
מַלְכִין יְקוּמוּן מִן־אַרְעָא׃ וִיקַבְּלוּן מַלְכוּתָא קַדִּישֵׁי עֶלְיוֹנִין וְיַחְסְנוּן
מַלְכוּתָא עַד־עָלְמָא וְעַד עָלַם עָלְמַיָּא׃ אֱדַיִן צְבִית לְיַצָּבָא עַל־חֵיוְתָא
רְבִיעָיְתָא דִּי־הֲוָת שָׁנְיָה מִן־כָּלְּהֵין דְּחִילָה יַתִּירָה שִׁנַּהּ דִּי־פַרְזֶל
וְטִפְרַיהּ דִּי־נְחָשׁ אָכְלָה מַדֲּקָה וּשְׁאָרָא בְּרַגְלַיהּ רָפְסָה׃ וְעַל־קַרְנַיָּא
עֲשַׂר דִּי בְרֵאשַׁהּ וְאָחֳרִי דִּי סִלְקַת וּנְפַלָה מִן־קֳדָמַהּ תְּלָת וְקַרְנָא
דִכֵּן וְעַיְנִין לַהּ וּפֻם מְמַלִּל רַבְרְבָן וְחֶזְוַהּ רַב מִן־חַבְרָתַהּ׃ חָזֵה הֲוֵית
וְקַרְנָא דִכֵּן עָבְדָה קְרָב עִם־קַדִּישִׁין וְיָכְלָה לְהוֹן׃

[קבל = receive; חסן = possess; שֵׁן = tooth; טְפַר = nail, claw; רפס = trample; חֲבַר = companion, fellow]

Exercises, Chapter 16

*Conjugate the verb עבד in the HtG (Hithpeel) stem.

Perfect

	Singular	Plural
3rd person masculine		
3rd person feminine		
2nd person masculine		
1st person common		

Imperfect

	Singular	Plural
3rd person masculine		
3rd person feminine		
2nd person masculine		
1st person common		

Participle

	masculine	*feminine*
singular		
plural		

Infinitive Absolute	
Infinitive Construct	

*Conjugate the verb נדב in the HtD (Hithpaal) stem.

Perfect

	Singular	Plural
3rd person masculine		
3rd person feminine		
2nd person masculine		
1st person common		

Imperfect

	Singular	Plural
3rd person masculine		
3rd person feminine		
2nd person masculine		
1st person common		

Participle	*masculine*	*feminine*
singular		
plural		

Infinitive Absolute	
Infinitive Construct	

A. Examples below are from the New Testament. How can these words or phrases be identified as Aramaic (as distinct from Hebrew)?

1. Γολγοθα [גּוֹלְגּוֹתָא] (Mt 27:33/Mk 15:22/Jn 19:17)

2. ηλι ηλι λεμα σαβαχθανι; (Mt 27:46)
   ελωι ελωι λεμα σαβαχθανι; (Mk 15:34)
   [אֱלוֹהִי אֱלוֹהִי לְמָה שְׁבַקְתַּנִי] (Cp. Ps 22:1)

3. ταλιθα κουμ [טַלִיתָא קוּם] (Mk 5:14)

4. αββα [אַבָּא] (Mk 14:36/Rom 8:15/Gal 4:6)

5. μαράνα θά [מַרַנָא תַה] (1 Cor 16:22; Rev 22:20)

B. Translation

Translate Dan 2:4b–18.

4b מַלְכָּא לְעָלְמִין חֱיִי אֱמַר חֶלְמָא לְעַבְדָךְ וּפִשְׁרָא נְחַוֵּא 5 עָנֵה מַלְכָּא וְאָמַר
לְכַשְׂדָּאֵי מִלְּתָא מִנִּי אַזְדָּא הֵן לָא תְהוֹדְעוּנַּנִי חֶלְמָא וּפִשְׁרֵהּ הַדָּמִין תִּתְעַבְדוּן
וּבָתֵּיכוֹן נְוָלִי יִתְּשָׂמוּן 6 וְהֵן חֶלְמָא וּפִשְׁרֵהּ תְּהַחֲוֹן מַתְּנָן וּנְבִזְבָּה וִיקָר שַׂגִּיא
תְּקַבְּלוּן מִן־קֳדָמָי לָהֵן חֶלְמָא וּפִשְׁרֵהּ הַחֲוֹנִי 7 עֲנוֹ תִנְיָנוּת וְאָמְרִין מַלְכָּא חֶלְמָא
יֵאמַר לְעַבְדוֹהִי וּפִשְׁרָה נְהַחֲוֵה 8 עָנֵה מַלְכָּא וְאָמַר מִן־יַצִּיב יָדַע אֲנָה דִּי עִדָּנָא
אַנְתּוּן זָבְנִין כָּל־קֳבֵל דִּי חֲזֵיתוֹן דִּי אַזְדָּא מִנִּי מִלְּתָא 9 דִּי הֵן־חֶלְמָא לָא תְהוֹדְעֻנַּנִי
חֲדָה־הִיא דָתְכוֹן וּמִלָּה כִדְבָה וּשְׁחִיתָה הִזְדְּמִנְתּוּן לְמֵאמַר קָדָמַי עַד דִּי עִדָּנָא
יִשְׁתַּנֵּא לָהֵן חֶלְמָא אֱמַרוּ לִי וְאִנְדַּע דִּי פִשְׁרֵהּ תְּהַחֲוֻנַּנִי 10 עֲנוֹ כַשְׂדָּאֵי קֳדָם־מַלְכָּא
וְאָמְרִין לָא־אִיתַי אֱנָשׁ עַל־יַבֶּשְׁתָּא דִּי מִלַּת מַלְכָּא יוּכַל לְהַחֲוָיָה כָּל־קֳבֵל דִּי
כָּל־מֶלֶךְ רַב וְשַׁלִּיט מִלָּה כִדְנָה לָא שְׁאֵל לְכָל־חַרְטֹּם וְאָשַׁף וְכַשְׂדָּי 11 וּמִלְּתָא
דִּי־מַלְכָּה שָׁאֵל יַקִּירָה וְאָחֳרָן לָא אִיתַי דִּי יְחַוִּנַּהּ קֳדָם מַלְכָּא לָהֵן אֱלָהִין דִּי
מְדָרְהוֹן עִם־בִּשְׂרָא לָא אִיתוֹהִי 12 כָּל־קֳבֵל דְּנָה מַלְכָּא בְּנַס וּקְצַף שַׂגִּיא
וַאֲמַר לְהוֹבָדָה לְכֹל חַכִּימֵי בָבֶל 13 וְדָתָא נֶפְקַת וְחַכִּימַיָּא מִתְקַטְּלִין וּבְעוֹ דָּנִיֵּאל
וְחַבְרוֹהִי לְהִתְקְטָלָה 14 בֵּאדַיִן דָּנִיֵּאל הֲתִיב עֵטָא וּטְעֵם לְאַרְיוֹךְ רַב־טַבָּחַיָּא דִּי
מַלְכָּא דִּי נְפַק לְקַטָּלָה לְחַכִּימֵי בָּבֶל 15 עָנֵה וְאָמַר לְאַרְיוֹךְ שַׁלִּיטָא דִי־מַלְכָּא עַל־מָה
דָתָא מְהַחְצְפָה מִן־קֳדָם מַלְכָּא אֱדַיִן מִלְּתָא הוֹדַע אַרְיוֹךְ לְדָנִיֵּאל 16 וְדָנִיֵּאל עַל וּבְעָה
מִן־מַלְכָּא דִּי זְמָן יִנְתֶּן־לֵהּ וּפִשְׁרָא לְהַחֲוָיָה לְמַלְכָּא פ 17 אֱדַיִן דָּנִיֵּאל לְבַיְתֵהּ אֲזַל
וְלַחֲנַנְיָה מִישָׁאֵל וַעֲזַרְיָה חַבְרוֹהִי מִלְּתָא הוֹדַע 18 וְרַחֲמִין לְמִבְעֵא מִן־קֳדָם אֱלָהּ שְׁמַיָּא
עַל־רָזָה דְּנָה דִּי לָא יְהֹבְדוּן דָּנִיֵּאל וְחַבְרוֹהִי עִם־שְׁאָר חַכִּימֵי בָבֶל

Exercises, Chapter 17

*Conjugate the verb מרט in the Gp (Peil) perfect.

Perfect	Singular	Plural
3rd person masculine		
3rd person feminine		
2nd person masculine		
1st person common		

*Conjugate the verb תקן in the Hp (Hafel) perfect

Perfect	Singular	Plural
3rd person masculine		
3rd person feminine		
2nd person masculine		
1st person common		

Translate

1. יְגַר שָׂהֲדוּתָא (Gen 31:47) [For vocabulary consult a standard Aramaic lexicon.]

2. Daniel 2:19–31.

19 אֱדַיִן לְדָנִיֵּאל בְּחֶזְוָא דִי־לֵילְיָא רָזָה גֲלִי אֱדַיִן דָּנִיֵּאל בָּרִךְ לֶאֱלָהּ שְׁמַיָּא 20 עָנֵה
דָנִיֵּאל וְאָמַר לֶהֱוֵא שְׁמֵהּ דִּי־אֱלָהָא מְבָרַךְ מִן־עָלְמָא וְעַד־עָלְמָא דִּי חָכְמְתָא וּגְבוּרְתָא
דִּי לֵהּ־הִיא 21 וְהוּא מְהַשְׁנֵא עִדָּנַיָּא וְזִמְנַיָּא מְהַעְדֵּה מַלְכִין וּמְהָקֵים מַלְכִין יָהֵב חָכְמְתָא
לְחַכִּימִין וּמַנְדְּעָא לְיָדְעֵי בִינָה 22 הוּא גָּלֵא עַמִּיקָתָא וּמְסַתְּרָתָא יָדַע מָה בַחֲשׁוֹכָא
(וּנְהִירָא) [וּנְהוֹרָא] עִמֵּהּ שְׁרֵא 23 לָךְ אֱלָהּ אֲבָהָתִי מְהוֹדֵא וּמְשַׁבַּח אֲנָה דִּי חָכְמְתָא
וּגְבוּרְתָא יְהַבְתְּ לִי וּכְעַן הוֹדַעְתַּנִי דִּי־בְעֵינָא מִנָּךְ דִּי־מִלַּת מַלְכָּא הוֹדַעְתֶּנָא 24 כָּל־קֳבֵל
דְּנָה דָּנִיֵּאל עַל עַל־אַרְיוֹךְ דִּי מַנִּי מַלְכָּא לְהוֹבָדָה לְחַכִּימֵי בָבֶל אֲזַל וְכֵן אֲמַר־לֵהּ
לְחַכִּימֵי בָבֶל אַל־תְּהוֹבֵד הַעֵלְנִי קֳדָם מַלְכָּא וּפִשְׁרָא לְמַלְכָּא אֲחַוֵּא ס 25 אֱדַיִן אַרְיוֹךְ
בְּהִתְבְּהָלָה הַנְעֵל לְדָנִיֵּאל קֳדָם מַלְכָּא וְכֵן אֲמַר־לֵהּ דִּי־הַשְׁכַּחַת גְּבַר מִן־בְּנֵי גָלוּתָא
דִּי יְהוּד דִּי פִשְׁרָא לְמַלְכָּא יְהוֹדַע 26 עָנֵה מַלְכָּא וְאָמַר לְדָנִיֵּאל דִּי שְׁמֵהּ בֵּלְטְשַׁאצַּר
(הַאִיתָיךְ) [הַאִיתָךְ] כָּהֵל לְהוֹדָעֻתַנִי חֶלְמָא דִי־חֲזֵית וּפִשְׁרֵהּ 27 עָנֵה דָנִיֵּאל קֳדָם מַלְכָּא
28 וְאָמַר רָזָה דִּי־מַלְכָּא שָׁאֵל לָא חַכִּימִין אָשְׁפִין חַרְטֻמִּין גָּזְרִין יָכְלִין לְהַחֲוָיָה לְמַלְכָּא
בְּרַם אִיתַי אֱלָהּ בִּשְׁמַיָּא גָּלֵא רָזִין וְהוֹדַע לְמַלְכָּא נְבוּכַדְנֶצַּר מָה דִּי לֶהֱוֵא בְּאַחֲרִית
יוֹמַיָּא חֶלְמָךְ וְחֶזְוֵי רֵאשָׁךְ עַל־מִשְׁכְּבָךְ דְּנָה הוּא פ 29 (אַנְתְּה) [אַנְתְּ] מַלְכָּא רַעְיוֹנָךְ
עַל־מִשְׁכְּבָךְ סְלִקוּ מָה דִּי לֶהֱוֵא אַחֲרֵי דְנָה וְגָלֵא רָזַיָּא הוֹדְעָךְ מָה־דִי לֶהֱוֵא 30 וַאֲנָה
לָא בְחָכְמָה דִּי־אִיתַי בִּי מִן־כָּל־חַיַּיָּא רָזָא דְנָה גֱּלִי לִי לָהֵן עַל־דִּבְרַת דִּי פִשְׁרָא
לְמַלְכָּא יְהוֹדְעוּן וְרַעְיוֹנֵי לִבְבָךְ תִּנְדַּע 31 (אַנְתְּה) [אַנְתְּ] מַלְכָּא חָזֵה הֲוַיְתָ וַאֲלוּ צְלֵם חַד
שַׂגִּיא צַלְמָא דִּכֵּן רַב וְזִיוֵהּ יַתִּיר קָאֵם לְקָבְלָךְ וְרֵוֵהּ דְּחִיל

Exercises, Chapter 18

Translate Daniel 2:32–48.

32 הוּא צַלְמָא רֵאשֵׁהּ דִּי־דְהַב טָב חֲדוֹהִי וּדְרָעוֹהִי דִּי כְסַף מְעוֹהִי וְיַרְכָתֵהּ דִּי נְחָשׁ
33 שָׁקוֹהִי דִּי פַרְזֶל רַגְלוֹהִי מִנְּהֵין דִּי פַרְזֶל וּמִנְּהֵין דִּי חֲסַף 34 חָזֵה
הֲוַיְתָ עַד דִּי הִתְגְּזֶרֶת אֶבֶן דִּי־לָא בִידַיִן וּמְחָת לְצַלְמָא עַל־רַגְלוֹהִי דִּי פַרְזְלָא וְחַסְפָּא
וְהַדֶּקֶת הִמּוֹן 35 בֵּאדַיִן דָּקוּ כַחֲדָה פַּרְזְלָא חַסְפָּא נְחָשָׁא כַּסְפָּא וְדַהֲבָא וַהֲווֹ כְּעוּר
מִן־אִדְּרֵי־קַיִט וּנְשָׂא הִמּוֹן רוּחָא וְכָל־אֲתַר לָא־הִשְׁתְּכַח לְהוֹן וְאַבְנָא דִּי־מְחָת לְצַלְמָא
הֲוָת לְטוּר רַב וּמְלָת כָּל־אַרְעָא 36 דְּנָה חֶלְמָא וּפִשְׁרֵהּ נֵאמַר קֳדָם־מַלְכָּא 37 אַנְתְּ
מַלְכָּא מֶלֶךְ מַלְכַיָּא דִּי אֱלָהּ שְׁמַיָּא מַלְכוּתָא חִסְנָא וְתָקְפָּא וִיקָרָא יְהַב־לָךְ 38 וּבְכָל־דִּי
דָיְרִין בְּנֵי־אֲנָשָׁא חֵיוַת בָּרָא וְעוֹף־שְׁמַיָּא יְהַב בִּידָךְ וְהַשְׁלְטָךְ בְּכָלְּהוֹן
אַנְתְּ־הוּא רֵאשָׁה דִּי דַהֲבָא 39 וּבָתְרָךְ תְּקוּם מַלְכוּ אָחֳרִי אֲרַעא מִנָּךְ וּמַלְכוּ
תְלִיתָאָה אָחֳרִי דִּי נְחָשָׁא דִּי תִשְׁלַט בְּכָל־אַרְעָא 40 וּמַלְכוּ רְבִיעָאָה תֶּהֱוֵא
תַקִּיפָה כְּפַרְזְלָא כָּל־קֳבֵל דִּי פַרְזְלָא מְהַדֵּק וְחָשֵׁל כֹּלָּא וּכְפַרְזְלָא דִּי־מְרָעַע כָּל־אִלֵּין
תַּדִּק וְתֵרֹעַ 41 וְדִי־חֲזַיְתָה רַגְלַיָּא וְאֶצְבְּעָתָא מִנְּהֵן חֲסַף דִּי־פֶחָר וּמִנְּהֵין פַּרְזֶל מַלְכוּ
פְלִיגָה תֶּהֱוֵה וּמִן־נִצְבְּתָא דִּי פַרְזְלָא לֶהֱוֵא־בַהּ כָּל־קֳבֵל דִּי חֲזַיְתָה פַּרְזְלָא מְעָרַב
בַּחֲסַף טִינָא 42 וְאֶצְבְּעָת רַגְלַיָּא מִנְּהֵין פַּרְזֶל וּמִנְּהוֹן חֲסַף מִן־קְצָת מַלְכוּתָא
תֶּהֱוֵה תַקִּיפָה וּמִנַּהּ תֶּהֱוֵה תְבִירָה 43 ודי חֲזַיְתָ פַּרְזְלָא מְעָרַב בַּחֲסַף טִינָא מִתְעָרְבִין
לֶהֱוֺן בִּזְרַע אֲנָשָׁא וְלָא־לֶהֱוֺן דָּבְקִין דְּנָה עִם־דְּנָה הֵא־כְדִי פַרְזְלָא לָא מִתְעָרַב
עִם־חַסְפָּא 44 וּבְיוֹמֵיהוֹן דִּי מַלְכַיָּא אִנּוּן יְקִים אֱלָהּ שְׁמַיָּא מַלְכוּ דִּי לְעָלְמִין לָא תִתְחַבַּל
וּמַלְכוּתָה לְעַם אָחֳרָן לָא תִשְׁתְּבִק תַּדִּק וְתָסֵיף כָּל־אִלֵּין מַלְכְוָתָא וְהִיא תְּקוּם
45 כָּל־קֳבֵל דִּי־חֲזַיְתָ דִּי מִטּוּרָא אִתְגְּזֶרֶת אֶבֶן דִּי־לָא לְעָלְמַיָּא בִּידַיִן וְהַדֶּקֶת פַּרְזְלָא
נְחָשָׁא חַסְפָּא כַּסְפָּא וְדַהֲבָא אֱלָהּ רַב הוֹדַע לְמַלְכָּא מָה דִּי לֶהֱוֵא אַחֲרֵי דְנָה וְיַצִּיב
חֶלְמָא וּמְהֵימַן פִּשְׁרֵהּ פ 46 בֵּאדַיִן מַלְכָּא נְבוּכַדְנֶצַּר נְפַל עַל־אַנְפּוֹהִי וּלְדָנִיֵּאל
סְגִד וּמִנְחָה וְנִיחֹחִין אֲמַר לְנַסָּכָה לֵהּ 47 עָנֵה מַלְכָּא לְדָנִיֵּאל וְאָמַר מִן־קְשֹׁט דִּי
אֱלָהֲכוֹן הוּא אֱלָהּ אֱלָהִין וּמָרֵא מַלְכִין וְגָלֵה רָזִין דִּי יְכֵלְתָּ לְמִגְלֵא רָזָה דְנָה 48 אֱדַיִן
מַלְכָּא לְדָנִיֵּאל רַבִּי וּמַתְּנָן רַבְרְבָן שַׂגִּיאָן יְהַב־לֵהּ וְהַשְׁלְטֵהּ עַל כָּל־מְדִינַת בָּבֶל
וְרַב־סִגְנִין עַל כָּל־חַכִּימֵי בָבֶל 49 וְדָנִיֵּאל בְּעָא מִן־מַלְכָּא וּמַנִּי עַל עֲבִידְתָּא דִּי
מְדִינַת בָּבֶל לְשַׁדְרַךְ מֵישַׁךְ וַעֲבֵד נְגוֹ וְדָנִיֵּאל בִּתְרַע מַלְכָּא

APPENDIX

VERB FORMS IN THE BIBLE

Hebrew

There are 72731 Hebrew verbs in the Masoretic Text[1] (including *qere* and *ketiv* forms)

By Stem	
G (Qal)	69.2%
Gp (Qal passive)	0.2%
N (Niphal)	5.7%
D (mostly Piel)	9.3%
Dp (mostly Pual)	0.6%
HtD (mostly Hithpael)	1.3%
HtשׁD (Hishtaphel)	0.2%
H (Hiphil)	13.0%
Hp (Hophal)	0.5%

By Aspect	
Perfect	20.1%
Impertect	20.4%
Impf. *waw*-consecutive	20.6%
Perf. *waw*-consecutive	8.4%
Participles	13.0%
Infinitive absolute	1.2%
Infinitive construct	9.1%
Imperative	5.9%
Jussive	0.7%
Cohortative	0.7%

Aramaic

There are 1071 Aramaic verbs in the Masoretic Text (including *qere* and *ketiv* forms)

By Stem	
G (Peal)	61.1%
Gp (Peil)	3.9%
HtG (mostly Hithpeel)	5.1%
D (mostly Pael)	7.9%
Dp	0.0%
HtD (mostly Hithpaal)	3.5%
H/שׁ (mostly Hafel)	17.3%
Hp (Hofal)	0.9%
HtH	0.3%

By Aspect	
Perfect	37.4%
Imperfect	19.3%
Participles	29.6%
Infinitive absolute	0.0%
Infinitive construct	7.8%
Imperative	3.3%
Jussive	3.6%

[1] *Biblia Hebraica Stuttgartensia*

Greek

There are 28109 verbs in the New Testament[2] and 101855 verbs in the Septuagint.[3]

By Mood[4]	**NT**	**LXX**
Indicative	55.6%	64.8%
Participle	23.7%	14.9%
Infinitive	8.2%	7.2%
Imperative	5.9%	7.0%
Subjunctive	6.6%	5.4%
Optative	0.2%	0.6%

By Tense[4]	**NT**	**LXX**
Present	41.1%	22.7%
Future	5.8%	16.9%
Future perfect	0.0%	<0.1%
Imperfect	6.0%	2.9%
Aorist	41.4%	52.3%
Perfect	5.6%	5.7%
Pluperfect	0.3%	0.2%
Ambiguous forms	5.4%	5.1%

By Voice	**NT**	**LXX**
Active	73.6%	70.5%
Middle	13.3%	17.1%
Passive	13.0%	12.4%
Middle/Passive	0.1%	<0.1%

---

[2] *Novum Testamentum Graece,* Nestle-Aland 27th edition

[3] Rahlfs' *Septuaginta*

[4] Categories total more than 100% because some forms are ambiguous

NOTES

NOTES